CODE PÉNAL

DES PAYS-BAS

(3 MARS 1881)

TRADUIT ET ANNOTÉ

PAR

WILLEM-JOAN WINTGENS,

AVOCAT À LA HAYE,

ATTACHÉ AU MINISTÈRE DE LA GUERRE.

PARIS.

IMPRIMERIE NATIONALE.

———

M DCCC LXXXIII.

CODE PÉNAL DES PAYS-BAS.

Ce volume, préparé sous la direction de la Société de législation comparée, a été imprimé aux frais de l'État, sur la proposition du Comité de législation étrangère et avec l'autorisation de M. le Garde des sceaux.

CODE PÉNAL

DES PAYS-BAS

(3 MARS 1881)

TRADUIT ET ANNOTÉ

PAR

WILLEM-JOAN WINTGENS,

AVOCAT À LA HAYE,

ATTACHÉ AU MINISTÈRE DE LA GUERRE.

PARIS.

IMPRIMERIE NATIONALE.

M DCCC LXXXIII.

A MONSIEUR DARESTE,

MEMBRE DE L'INSTITUT DE FRANCE, CONSEILLER À LA COUR DE CASSATION, PARIS.

———

Monsieur le Conseiller,

Vous avez bien voulu revoir cette traduction du Code pénal des Pays-Bas, que le Comité de législation étrangère honorait de son patronage. Je sais tout ce que je dois à vos précieux conseils. Je vous prie d'agréer l'expression de ma vive gratitude et de mes sentiments respectueux.

W.-J. WINTGENS.

La Haye.

TABLE DES MATIÈRES.

LIVRE PREMIER.

DISPOSITIONS GÉNÉRALES.

LIVRE DEUXIÈME.

DÉLITS.

TABLE DES MATIÈRES.

LIVRE TROISIÈME.

CONTRAVENTIONS.

INTRODUCTION.

Le Code pénal français de 1810 a été introduit en Hollande, en même temps que les autres Codes français, par un décret impérial du 1ᵉʳ mars 1811. Dès que la Hollande eut recouvré son indépendance, au mois de décembre 1813, un des premiers actes du nouveau gouvernement fut de maintenir provisoirement le Code pénal français, en y introduisant plusieurs modifications. La confiscation générale et le renvoi sous la surveillance de la haute police furent abolis. Le carcan, les travaux forcés à perpétuité ou à temps furent remplacés par d'autres peines. La reclusion put être prononcée pour moins de cinq ans, en certains cas déterminés. Bientôt après, la loi fondamentale du 29 mars 1814 prescrivit la rédaction d'un nouveau Code pénal.

L'exécution de cette promesse fut lente. Un premier projet, présenté en 1827 à la seconde Chambre des États généraux, parut insuffisant et fut retiré l'année suivante. La question fut reprise en 1840, et le premier livre d'un nouveau Code fut voté par les deux Chambres, mais cette fois encore la réforme ne put aboutir. Il en fut de même en 1847.

Cependant la nouvelle loi fondamentale de 1848 renouvela la promesse de la réforme du Code pénal. Le 29 juin 1854, une première satisfaction fut donnée à l'opinion par la confirmation des modifications contenues dans le décret de 1813, et par l'introduction des circonstances atténuantes. De nouvelles dispositions furent aussi introduites concernant la tentative et la récidive. Enfin, la peine de mort fut abolie par une loi du 17 septembre 1870.

Quelques jours après, le 28 septembre 1870, un décret nomma une commission chargée de la rédaction d'un nouveau Code pénal. Elle était composée de MM. de Wal, président, François, remplacé plus tard par M. Loke, Pols, de Pinto et Modderman. Un décret du 18 mars 1871 adjoignit à cette commission M. Beelaerts van Blokland. Le travail fut terminé et présenté au Roi le 13 mai 1875.

Le 26 juin 1878, le projet avec exposé de motifs fut envoyé au Conseil d'État par le Ministre de la justice, M. Smidt. L'avis du Conseil d'État fut donné le 26 novembre de la même année et soumis au Roi par le Ministre avec un rapport en date du 14 février 1879.

Le 22 février 1879, le projet fut envoyé à la seconde Chambre des États généraux. La commission dite *des rapporteurs*, composée de MM. Godefroi, Patijn, Van der Kaaij, de Savornin-Lohman et des Amorie van der Hoeven, rédigea un rapport auquel le Ministre de la justice, M. Modderman, répondit par de nouvelles observations, à la suite desquelles certaines modifications furent introduites dans le projet qui fut discuté par la seconde Chambre, du 25 octobre au 9 novembre 1880.

A la première Chambre, le projet fut examiné par la commission des rapporteurs, composée de MM. Borsius, Van Akerlaken, Vos de Wael et Thooft, et du président de la Chambre, M. Van Eysinga. La discussion eut lieu les 1.er et 2 mars 1881.

Le 3 mars 1881, le projet voté par les deux Chambres fut sanctionné par le Roi. Mais, quoique promulgué, le nouveau Code ne doit entrer en vigueur qu'au jour qui sera déterminé par une loi ultérieure [1].

Les rédacteurs du nouveau Code pénal des Pays-Bas ont voulu faire une œuvre originale et nationale. Sans méconnaître le mérite du Code de 1810, qui fut un progrès à cette époque, ils ont voulu traduire en loi les principes aujourd'hui reconnus et proclamés par les plus célèbres criminalistes, et donner, en quelque sorte, le dernier mot de la science du droit criminel en 1881. Les peines infamantes sont supprimées. Il en est de même de la distinction entre les délits et les crimes. Toute infraction constitue un délit ou une contravention. Les circonstances atténuantes n'existent plus. Par contre, le minimum de la peine est réduit à sa plus simple expression et uniformément dans tous les cas. La peine fondamentale est l'emprisonnement cellulaire. Les autres peines sont la détention ou emprisonnement simple et l'amende. Nous ne parlons pas des peines accessoires.

Le régime cellulaire est tempéré par l'admission du système de la libération conditionnelle et révocable.

Les conditions de l'imputabilité sont rigoureusement définies. La tentative n'entraîne plus la même peine que le délit consommé; cette peine est toujours diminuée d'un tiers.

Les éléments de la complicité sont analysés avec soin et

---

[1] Le recueil officiel des travaux préparatoires du Code pénal forme deux volumes. On peut aussi consulter l'*Histoire du Code pénal (Geschiedenis van het Wetboek van Strafrecht)*, par M. H.-J. Smidt, in-8°, Haarlem, 1881.

la peine mesurée suivant les cas. Le cumul des peines est admis dans des limites déterminées.

La règle *non bis in idem*, la prescription de l'action et de la peine ont trouvé place dans le nouveau Code pénal.

Dans la partie spéciale, nous pourrions signaler encore d'importantes innovations, notamment en ce qui concerne les délits de fraude. Nous appellerons seulement l'attention sur ce fait, que le législateur néerlandais a réussi à réunir en 475 articles toutes les dispositions pénales en vigueur, à l'exception des lois fiscales et militaires. C'est donc un travail complet et qui mérite bien le nom de Code.

Reste à savoir jusqu'à quel point l'expérience donnera raison au législateur néerlandais et justifiera ses innovations. Cette expérience n'a pas encore commencé, car le nouveau Code ne peut être mis en vigueur avant que le pays soit complètement pourvu de prisons cellulaires. Mais elle ne saurait tarder longtemps, et, dès à présent, il a paru utile de faciliter au public français l'étude d'une œuvre aussi remarquable à tous égards.

CODE PÉNAL DES PAYS-BAS.

LIVRE PREMIER.

DISPOSITIONS GÉNÉRALES.

TITRE PREMIER.

ÉTENDUE DES EFFETS DE LA LOI PÉNALE.

ARTICLE PREMIER. Nul ne peut être puni qu'en vertu d'une disposition d'une loi pénale antérieure.

En cas de changement dans la législation après le moment où le fait a été commis, il est fait application des dispositions les plus favorables au prévenu.

ART. 2. La loi pénale néerlandaise s'applique à quiconque, dans le royaume en Europe, se rend coupable d'un fait punissable.

ART. 3. La loi pénale néerlandaise s'applique à quiconque, hors du royaume en Europe, à bord d'un navire néerlandais, se rend coupable d'un fait punissable.

ART. 4. La loi pénale néerlandaise s'applique à quiconque, hors du royaume en Europe, se rend coupable :

1° D'un des délits spécifiés dans les articles 92-96, 105 et 108-110;

2° D'un délit quelconque concernant la monnaie de l'État, le papier-monnaie de l'État ou les timbres ou marques émis par l'État;

3° De faux commis soit dans les obligations ou certificats de la dette nationale des Pays-Bas, d'une province, d'une commune ou d'un établissement public néerlandais, soit dans les talons, coupons de dividende ou de rente dépendant desdits certificats, ou dans les certificats émis en remplacement desdits titres, ou d'avoir, avec intention, fait usage d'un desdits écrits faux;

4° D'un des délits spécifiés dans les articles 381, 382 et 385.

Art. 5. La loi pénale néerlandaise s'applique au Néerlandais qui, hors du royaume en Europe, se rend coupable :

1° D'un des délits spécifiés dans les titres i et ii du livre II, et dans les articles 206, 237, 388 et 389;

2° De tout acte considéré par la loi pénale néerlandaise comme délit, et auquel la loi du pays où il a été commis attache une peine.

La poursuite peut avoir lieu même au cas où le prévenu n'est devenu Néerlandais qu'après avoir commis le fait [1].

Art. 6. La loi pénale néerlandaise s'applique au fonctionnaire néerlandais qui, hors du royaume en Europe, se rend coupable d'un des délits spécifiés dans le titre xxviii du livre II [2].

---

[1] Disposition introduite sur la demande de la commission des rapporteurs de la seconde Chambre. Autrement, un étranger, ayant commis hors du royaume un délit punissable dans les Pays-Bas, obtiendrait l'impunité en devenant Néerlandais, car il ne pourrait être ni poursuivi comme Néerlandais puisqu'il ne l'était pas au moment du délit, ni extradé puisque l'extradition ne s'applique pas aux nationaux.

[2] Cet article trouve application dans le cas de délit commis par les employés du service ambulant de la poste aux lettres sur les chemins de fer, ou par les agents de police qui accompagnent une personne arrêtée à l'étranger, en vertu d'un traité d'extradition.

Art. 7. La loi pénale néerlandaise s'applique au capitaine et à l'équipage d'un navire néerlandais qui, hors du royaume en Europe, et hors du bord, se rendent coupables d'un des délits spécifiés dans le titre xxix du livre II, et dans le titre ix du livre III.

Art. 8. L'applicabilité des articles 2-7 est restreinte par les exceptions reconnues dans le droit des gens.

TITRE II.

PEINES.

Art. 9. Les peines sont :

a. Peines principales :

1° L'emprisonnement (*gevangenisstraf*);

2° La détention (*hechtenis*);

3° L'amende.

b. Peines accessoires :

1° La destitution de certains droits;

2° Le placement dans un établissement de travail appartenant à l'État;

3° La confiscation de certains objets;

4° La publication du jugement.

Art. 10. L'emprisonnement est prononcé à perpétuité ou à temps.

La durée de l'emprisonnement à temps est d'un jour au moins et de quinze ans consécutifs au plus.

Il peut être appliqué pour vingt ans consécutifs, au plus, dans les cas où la peine du délit consiste dans l'emprisonnement à perpétuité ou à temps, au choix du juge, et dans ceux où le terme de quinze ans est dépassé par l'aggravation de peine résultant de la pluralité des délits, de la récidive ou de la disposition de l'article 44.

Il ne peut en aucun cas dépasser la durée de vingt ans.

Art. 11. L'emprisonnement de cinq ans et au-dessous est subi dans l'isolement pour toute sa durée. L'emprisonnement d'une plus longue durée n'est subi dans l'isolement que pendant les cinq premières années.

En cas de condamnation à l'emprisonnement de plus de cinq ans, le chef du ministère de la justice, à la requête du condamné, peut lui permettre de subir le reste de sa peine, en tout ou en partie, dans l'isolement.

Art. 12. La reclusion isolée ne s'applique pas :

1° A ceux qui, à l'époque de leur condamnation, n'ont pas encore atteint l'âge de quatorze ans;

2° Aux détenus au-dessus de l'âge de soixante ans, si ce n'est à leur requête;

3° Aux détenus qui, après un examen médical, ont été déclarés impropres à la subir.

Art. 13. Les détenus qui subissent leur peine en commun sont divisés en classes.

Art. 14. Tout détenu est contraint de faire le travail qui lui est imposé, conformément aux règlements faits pour l'exécution de l'article 22.

Art. 15. Tout condamné à l'emprisonnement peut être mis en liberté sous condition, s'il a passé en prison les trois quarts de la durée de sa peine, et au moins trois ans.

Cette mise en liberté peut être révoquée en tout temps, si le condamné se conduit mal ou s'il commet une infraction aux conditions exprimées dans son permis.

Le temps écoulé entre la mise en liberté et la révocation prononcée ne compte pas pour la durée de la peine.

Le détenu dont la mise en liberté a été révoquée ne peut plus être mis en liberté sous condition.

La peine est censée avoir été subie en entier, si la durée de la peine s'est écoulée sans révocation.

Art. 16. Les arrêtés de mise en liberté sous condition et de révocation sont pris par le chef du ministère de la justice. La décision est prise, dans le premier cas, sur la proposition faite ou d'après les renseignements fournis par la direction de la prison.

L'arrestation de celui qui, ayant été mis en liberté sous condition, se conduit mal ou commet une infraction aux conditions exprimées dans son permis, peut être ordonnée, dans l'intérêt de l'ordre public, par le chef de la police communale du lieu où il se trouve, ou par le procureur du roi de l'arrondissement dans lequel ce lieu est situé, à la charge d'en donner avis immédiatement au ministère de la justice.

Si la révocation a lieu en conséquence, elle est censée avoir été ordonnée le jour de l'arrestation.

Art. 17. La formule des permis et toutes les dispositions nécessaires pour l'exécution des articles 15 et 16 sont arrêtées par mesure générale d'administration intérieure.

Art. 18. La durée de la détention est d'un jour au moins et d'un an au plus [1].

---

[1] La peine de la détention est réservée aux contraventions et aux délits commis sans intention. Elle sert aussi de peine subsidiaire remplaçant la confiscation ou l'amende. (Voir art. 23 et 34.)

Elle peut être appliquée pour un an et quatre mois, au plus, dans le cas où la durée d'un an est dépassée, à raison de l'aggravation de peine résultant de la pluralité des délits, de la récidive ou des dispositions de l'article 44.

ART. 19. Sauf la disposition de l'article 25, la détention et l'emprisonnement ne sont pas subis dans le même établissement.

À la requête du condamné, il peut lui être permis de subir la détention dans l'isolement. L'article 12 s'applique à la détention.

ART. 20. Le condamné à la détention s'occupe du travail qu'il désire, sauf les règlements d'ordre et de discipline faits pour l'exécution de l'article 22.

Il peut disposer librement du produit de son travail.

S'il refuse de s'occuper de quelque travail, la disposition de l'article 14 peut lui être appliquée.

ART. 21. La durée de l'emprisonnement à temps et de la détention est indiquée dans le jugement en jours, semaines, mois et années, sans fractions.

ART. 22. La loi indique les établissements où sera subi l'emprisonnement et ceux où sera subie la détention [1].

L'organisation et l'administration de ces établissements, la division des prisonniers en classes, le travail, la destination du produit du travail obligatoire, l'enseignement, le service divin et la discipline sont réglés par règlement général d'administration publique, conformément aux principes qui seront posés par la loi.

Des règlements particuliers pour chaque établissement sont proposés par la direction et arrêtés par le roi.

[1] Un projet de loi sur cette matière a été présenté aux Chambres le 19 janvier 1882

Art. 23. Le montant de l'amende est d'au moins cinquante cents [1].

En cas de condamnation à une amende, à défaut de payement dans le délai de deux mois à compter du jour où le jugement peut être exécuté, l'amende est remplacée par la détention.

La durée de cette détention est d'au moins un jour, et d'autant de jours au plus que le maximum de l'amende portée par la loi contient de fois le nombre cinq, ou de six mois si ce maximum dépasse la somme de neuf cents florins.

Cette durée est fixée dans la décision judiciaire, de telle sorte que pour chaque demi-florin de l'amende encourue il ne soit pas infligé plus d'un jour.

La détention peut être infligée pour huit mois au plus dans les cas où la somme de neuf cents florins est dépassée par suite de l'aggravation de la peine résultant soit du concours de plusieurs délits, soit de la récidive, soit des dispositions de l'article 44.

En aucun cas, elle ne peut dépasser la durée de huit mois.

Art. 24. Le condamné peut subir la détention sans attendre le terme du payement.

Il a toujours la faculté de s'affranchir de la détention par le payement de l'amende. Lorsque la détention a reçu un commencement d'exécution, le payement d'une partie proportionnelle de l'amende affranchit du reste de la détention; cette partie est à l'amende entière ce que le reste de la détention est à la durée entière de la détention.

Art. 25. Si le condamné qui doit subir la détention au lieu de l'amende se trouve dans un établissement destiné à l'exécution de l'emprisonnement, la détention peut, à sa requête, être subie

---

[1] Un florin (*gulden*) vaut 2 fr. 10 c., un cent vaut 2 centimes 10.

Ainsi le demi-florin, ou 50 cents, vaut à peu près un franc (1^f 05).

dans cet établissement aussitôt après la fin de l'emprisonnement, sans pour cela changer de nature.

ART. 26. L'emprisonnement et la détention commencent au jour de l'exécution du jugement, pour ce qui regarde chacune de ces peines.

ART. 27. Il peut être ordonné par le jugement que le temps passé par le condamné en prison préventive avant l'exécution du jugement comptera, en tout ou en partie, en diminution de l'emprisonnement à temps, de la détention ou de l'amende; pour ce qui regarde l'amende, cette diminution aura lieu suivant la proportion établie au troisième alinéa de l'article 24 [1].

La disposition de cet article est applicable au cas où des poursuites simultanées ayant été intentées, à raison de plusieurs faits, la condamnation est prononcée à raison d'un fait autre que celui pour lequel le condamné se trouve en détention préventive.

ART. 28. Les droits dont le coupable peut être destitué par décision judiciaire dans les cas fixés par la loi sont :

1° Le droit d'être appelé à des fonctions ou à de certaines fonctions publiques;

2° Le droit de servir dans la force armée [2];

3° Le droit d'élire ou d'être élu, aux élections ordonnées en vertu d'une disposition de la loi;

[1] Le projet du Gouvernement portait que la durée de la détention préventive serait toujours imputée en déduction de la peine. La commission des rapporteurs de la seconde Chambre a demandé et obtenu que l'imputation fût facultative. En acceptant cette modification, le Gouvernement s'est engagé à présenter un projet de loi tendant à restreindre la détention préventive.

[2] La force armée comprend l'armée, la marine de l'État, la milice et la garde civique. Quant au droit de port d'armes, qui se réduit au droit d'obtenir un permis de chasse, il a été entendu que c'était un point à régler dans la loi spéciale sur la chasse.

4° Le droit d'être conseil ou administrateur judiciaire, celui d'être tuteur, subrogé tuteur, curateur ou subrogé curateur d'enfants autres que les siens;

5° L'autorité paternelle, la tutelle et la curatelle de ses propres enfants;

6° L'exercice de certaines professions.

Les membres de la magistrature, nommés soit à vie, soit pour un temps défini, et tous autres fonctionnaires nommés à vie ne peuvent être destitués que dans les cas et de la manière fixés par la loi.

Art. 29. Indépendamment des cas mentionnés au livre II, la destitution du droit d'être appelé à des fonctions ou à de certaines fonctions publiques, et du droit de servir dans la force armée, peut être prononcée dans toute condamnation pour un délit relatif à la fonction ou pour un délit par lequel le coupable méconnaît un devoir particulier de sa fonction, ou à l'occasion duquel il a fait usage d'un pouvoir, d'une occasion ou de moyens fournis par sa fonction.

Art. 30. Indépendamment des cas mentionnés au livre II, la destitution de l'autorité paternelle et de la tutelle, de la subrogée tutelle, de la curatelle et de la subrogée curatelle, tant de ses propres enfants que de tous autres, peut être prononcée en cas de condamnation :

1° De parents ou tuteurs qui, avec intention, prennent part à un délit commis par un mineur placé sous leur autorité [1];

---

[1] Le Code pénal néerlandais distingue l'intention (*opzet*);

Le fait volontaire (*vrijwillig feit*);

La préméditation (*voordacht*);

Le dessein (*oogmerk*);

La simple faute (*schuld*).

Cette terminologie est rigoureuse et on a cru devoir s'appliquer, dans la traduction, à rendre toujours le même mot de la même manière.

2° De parents ou tuteurs qui commettent un des délits mentionnés aux titres XIII, XIV, XV, XVIII, XIX et XX du livre II, à l'égard
d'un mineur placé sous leur autorité.

ART. 31. Quand le juge prononce la destitution de certains
droits, il règle la durée de cette peine de la manière suivante :

1° En cas de condamnation à l'emprisonnement à perpétuité,
pour la vie ;

2° En cas de condamnation à l'emprisonnement à temps ou à
la détention, pour un temps excédant de deux ans au moins et de
cinq ans au plus la peine principale ;

3° En cas de condamnation à l'amende, pour deux ans au moins
et cinq ans au plus.

La peine comptera du jour où le jugement sera exécutoire.

ART. 32. Dans les cas déterminés par la loi, le juge peut
ordonner que le condamné soit placé dans un établissement de
travail institué par l'État, pour trois mois au moins et trois ans
au plus.

Les dispositions des articles 14, 21 et 22 s'appliquent à la
peine du placement dans un établissement de travail institué par
l'État.

La peine compte du jour où la peine principale expire.

ART. 33. Les objets appartenant au condamné et acquis au
moyen d'un délit ou ayant servi à commettre un délit avec intention peuvent être confisqués.

Dans les condamnations pour délits commis sans intention ou
pour contraventions, la même confiscation peut être prononcée
dans les cas déterminés par la loi.

ART. 34. Si les objets confisqués, mais non saisis, ne sont pas remis, ou bien si la valeur à laquelle ils ont été estimés au jugement n'est pas payée dans le délai de deux mois à partir du jour où le jugement est exécutoire, la confiscation est remplacée par la détention.

La durée de cette détention est d'un jour au moins et de six mois au plus.

La durée en est fixée par le jugement, de telle sorte que pour chaque demi-florin de l'estimation mentionnée au premier alinéa, il n'est pas compté plus d'un jour.

Les articles 24 et 25 sont applicables à cette détention.

La remise des objets affranchit également de la détention.

Art. 35. Tous les frais de l'emprisonnement, de la détention et du placement dans un établissement de travail institué par l'État sont supportés par l'État. Le produit des amendes et des confiscations est à son profit.

Art. 36. Dans les cas où le juge, en vertu de la loi, ordonne la publication du jugement, il détermine en même temps de quelle manière cet ordre recevra exécution aux frais du condamné.

TITRE III.

EXCLUSION, ATTÉNUATION ET AGGRAVATION DE LA CRIMINALITÉ.

Art. 37. Quiconque commet un fait qui ne peut lui être imputé, à cause du développement incomplet ou du trouble maladif de son intelligence, n'est pas punissable.

S'il est évident que le fait commis ne peut lui être imputé, à cause du développement incomplet ou du trouble maladif de son intelligence, le juge peut ordonner qu'il soit placé dans un hospice d'aliénés pendant un temps d'épreuve ne dépassant pas la durée d'un an.

Art. 38. Un enfant n'est pas poursuivi en justice pour un fait commis avant l'âge de dix ans.

Si le fait commis rentre dans la qualification d'un délit emportant l'emprisonnement et pouvant être poursuivi autrement que sur plainte, ou constitue la contravention spécifiée à l'article 432, le juge civil, à la requête du ministère public, peut ordonner que l'enfant soit placé dans un établissement d'éducation de l'État jusqu'à l'âge de dix-huit ans au plus.

Le même juge peut toujours ordonner la mise en liberté.

Art. 39. En cas de poursuite criminelle dirigée contre un enfant, à raison d'un fait commis avant qu'il ait atteint l'âge de seize ans, le juge examine s'il a agi avec discernement.

S'il n'est pas évident qu'il ait agi avec discernement, aucune peine ne lui est appliquée.

Si le fait commis rentre dans la qualification d'un délit emportant l'emprisonnement et pouvant être poursuivi autrement que sur plainte, le juge peut ordonner que l'enfant soit placé dans un établissement d'éducation de l'État jusqu'à l'âge de dix-huit ans au plus.

Le même juge peut toujours ordonner la mise en liberté.

S'il est évident que l'enfant a agi avec discernement, le maximum des peines principales fixées pour le fait punissable est diminué d'un tiers.

Quand il s'agit d'un délit emportant l'emprisonnement à perpétuité, l'emprisonnement est infligé pour quinze ans au plus.

Les peines accessoires mentionnées à l'article 9 b 1° et 4° ne sont pas appliquées.

Art. 40. N'est pas punissable celui qui commet un acte auquel il a été contraint par une force à laquelle il n'a pu résister.

Art. 41. N'est pas punissable celui qui commet une action commandée par la défense nécessaire de la vie, de l'honneur ou des biens de soi-même ou d'autrui contre une attaque soudaine et illégale.

N'est pas punissable l'acte qui a outrepassé les limites de la défense nécessaire, si cet acte a été la suite immédiate d'une émotion violente causée par l'attaque.

Art. 42. N'est pas punissable celui qui commet un fait en exécution d'une disposition de la loi.

Art. 43. N'est pas punissable celui qui commet un fait en exécution d'un ordre officiel donné par l'autorité compétente.

Un ordre officiel donné par une autorité incompétente ne supprime pas la criminalité, à moins que le subordonné n'ait de bonne foi considéré cet ordre comme étant donné par une autorité compétente, et que l'accomplissement de cet ordre ne rentrât dans ses devoirs de subordination.

Art. 44. Si un fonctionnaire, en commettant un fait punissable, enfreint une obligation particulière de sa fonction, ou si, en commettant un fait punissable, il emploie un pouvoir, une occasion ou un moyen fourni par sa fonction, la peine peut être élevée d'un tiers.

TITRE IV.

TENTATIVE.

Art. 45. La tentative de délit est punissable si l'intention de l'auteur s'est manifestée par un commencement d'exécution, et si l'exécution n'est restée inachevée que par suite de circonstances indépendantes de sa volonté.

Le maximum des peines principales fixées pour un délit est diminué d'un tiers pour la tentative.

Quand il s'agit d'un délit emportant l'emprisonnement à perpétuité, la peine d'emprisonnement est prononcée pour quinze ans au plus.

Les peines accessoires sont les mêmes pour la tentative que pour le délit accompli.

ART. 46. La tentative de contravention n'est pas punissable.

TITRE V.
PARTICIPATION À DES FAITS PUNISSABLES.

ART. 47. Sont punis comme auteurs de faits punissables :

1° Ceux qui commettent le fait, qui le font commettre ou concourent à le commettre [1];

2° Ceux qui, par dons, promesses, abus d'autorité, violence, menace ou tromperie, provoquent le fait avec intention.

A l'égard de ces derniers, il n'est tenu compte que des actes qu'ils ont provoqués avec intention, sans considérer les suites de ces actes.

ART. 48. Sont punis comme complices d'un délit :

1° Ceux qui prêtent avec intention leur assistance pour commettre le délit;

2° Ceux qui, avec intention, procurent l'occasion, les moyens ou les indications pour commettre le délit.

ART. 49. Pour les complices, le maximum des peines principales est diminué d'un tiers.

Quand il s'agit d'un délit emportant l'emprisonnement à perpétuité, l'emprisonnement est prononcé pour quinze ans au plus.

---

[1] Par un autre qui est leur instrument inconscient et irresponsable.

Les peines accessoires mentionnées à l'article 9 b 1°, 3° et 4° sont les mêmes pour les complices que pour les auteurs eux-mêmes.

Dans la fixation de la peine, il n'est tenu compte que des actes que le complice a, avec intention, facilités ou favorisés, sans considérer les suites de ces actes.

Art. 50. Les circonstances personnelles qui excluent, diminuent ou aggravent la criminalité ne sont prises en considération, dans l'application de la loi pénale, qu'à l'égard de l'auteur ou du complice qu'elles concernent personnellement.

Art. 51. Dans les cas où une peine pour contravention est portée par la loi contre des directeurs, des membres de quelque administration ou des commissaires, il n'est prononcé aucune peine contre le directeur ou le commissaire lorsqu'il est évident que la contravention a été commise sans son concours [1].

Art. 52. La complicité de contravention n'est pas punissable.

Art. 53. En cas de délits commis au moyen de la presse, l'éditeur, comme tel, n'est pas poursuivi si la pièce imprimée contient son nom et son adresse, et si l'auteur est connu ou a été dénoncé par l'éditeur, à la première sommation après l'ouverture de la poursuite.

Cette règle n'est pas applicable si, au moment de la publication, l'auteur ne pouvait être poursuivi criminellement ou était établi hors du royaume en Europe.

---

[1] Une disposition analogue se trouve dans les articles 11, 12 et 14 de la loi sur les pauvres (26 juin 1854), et dans l'article 54 de la loi sur le service des chemins de fer (9 avril 1875). Dans le cas prévu par l'article 51, la preuve négative est à la charge du prévenu.

ART. 54. En cas de délits commis au moyen de la presse, l'imprimeur, comme tel, n'est pas poursuivi si la pièce imprimée contient son nom et son adresse, et si la personne, par ordre de laquelle la pièce a été imprimée, est connue ou a été dénoncée par l'imprimeur, à la première sommation après l'ouverture de la poursuite.

Cette règle n'est pas applicable si, au moment de l'impression, la personne, par ordre de laquelle la pièce a été imprimée, ne pouvait être poursuivie criminellement ou était établie hors du royaume en Europe.

TITRE VI.

CONCOURS DE FAITS PUNISSABLES.

ART. 55. Lorsqu'un fait tombe sous le coup de plus d'une disposition de la loi pénale, il n'est appliqué qu'une de ces dispositions, et, en cas de différence, celle qui fixe la plus forte peine principale.

Si, pour un fait qui tombe sous le coup d'une disposition générale de la loi pénale, il existe une disposition spéciale de la loi pénale, il n'est tenu compte que de cette dernière.

ART. 56. Si plusieurs faits, quoique chacun pris en lui-même constitue un délit ou une contravention, sont tellement connexes qu'ils doivent être considérés comme une seule action continue, il n'est appliqué qu'une disposition de la loi pénale; en cas de différence, celle qui fixe la plus forte peine principale.

De même, il n'est appliqué qu'une seule peine à celui qui est reconnu coupable d'avoir commis le crime de faux, de fausse monnaie ou d'altération de monnaie, et d'avoir fait usage de l'objet, à l'égard duquel le faux, la falsification ou l'altération de monnaie ont été commis.

ART. 57. En cas de concours de plusieurs faits qui doivent être

considérés comme autant d'actes indépendants et constituent
plusieurs délits punis de peines de même nature, il n'est prononcé
qu'une seule peine. Le maximum de cette peine est le montant
réuni des peines les plus élevées qui sont établies pour ces faits;
toutefois, elle ne doit pas s'élever de plus d'un tiers au-dessus du
maximum le plus fort.

ART. 58. En cas de concours de plusieurs faits qui doivent être
considérés comme autant d'actes indépendants et constituent plusieurs délits emportant des peines principales de nature différente, chacune de ces peines est prononcée; toutefois, ces peines
cumulées ne peuvent excéder de plus d'un tiers la durée de la peine
la plus forte.

Les amendes sont comptées pour la durée du maximum de la
détention qui en tient lieu.

ART. 59. En cas de condamnation à un emprisonnement à perpétuité, il ne peut être infligé d'autres peines accessoires que la
destitution de certains droits, la confiscation d'objets déjà saisis et
la publication du jugement.

ART. 60. Dans les cas prévus aux articles 57 et 58 sont obser-
vées, au sujet des peines accessoires, les dispositions suivantes :

1° Les peines de destitution des mêmes droits sont confondues
en une seule peine, dont la durée dépasse de deux ans au moins
et de cinq ans au plus la peine principale ou les peines principales
infligées; ou, s'il n'a été infligé d'autre peine principale que l'a-
mende, en une seule peine de deux ans au moins et de cinq ans
au plus;

2° Les peines de destitution de droits différents sont infligées
pour chaque délit séparément et sans diminution;

3° Les peines de confiscation de certains objets, de même que la détention subsidiaire dans le cas où ces objets ne sont pas remis, sont infligées pour chaque délit séparément et sans diminution.

Les peines de détention subsidiaire cumulées ne peuvent excéder la durée de huit mois.

ART. 61. La gravité relative de peines principales de nature différente est fixée par l'ordre d'énumération suivi dans l'article 9.

Quand le juge a le choix entre deux peines principales, la plus forte de ces peines est seule comptée pour la comparaison.

La gravité relative de peines de même nature est fixée par le maximum.

La durée relative de peines principales, dont les unes sont de même nature et les autres de nature différente, est pareillement fixée par le maximum.

ART. 62. En cas de concours, dans les conditions exprimées aux articles 57 et 58, soit de contraventions avec des délits, soit de plusieurs contraventions uniquement, il est infligé une peine pour chaque contravention, sans diminution.

Les peines de détention, y compris la détention subsidiaire, ne peuvent, pour les contraventions cumulées, excéder la durée de huit mois.

Les peines de placement dans un établissement de travail institué par l'État sont confondues en une seule peine dont la durée est fixée dans les limites de l'article 32.

ART. 63. Si quelqu'un, après avoir été condamné à une peine, est encore déclaré coupable d'un délit ou d'une contravention commis avant cette condamnation, il lui est tenu compte de la première peine, avec application des dispositions du présent titre pour le cas de jugement simultané.

TITRE VII.

INTRODUCTION ET DÉSISTEMENT DE LA PLAINTE EN CAS DE DÉLITS QUI NE PEUVENT ÊTRE POURSUIVIS QUE SUR PLAINTE.

Art. 64. Si un délit qui ne peut être poursuivi que sur plainte a été commis au préjudice d'une personne qui n'a pas atteint l'âge de seize ans, ou qui a été mise sous curatelle pour une cause autre que la prodigalité, la plainte sera portée par celui qui est le représentant légal de cette personne dans les affaires civiles.

Si ce dernier est la personne contre laquelle la plainte doit être portée, la poursuite pourra avoir lieu sur la plainte du subrogé tuteur ou curateur, du conjoint, d'un parent en ligne directe, ou, à défaut, sur la plainte d'un parent dans la ligne collatérale, jusqu'au troisième degré inclusivement.

Art. 65. Si celui au préjudice duquel le délit a été commis meurt avant l'expiration du délai fixé à l'article suivant, la poursuite pourra avoir lieu, sans que ce délai soit prolongé, sur la plainte des parents, des enfants ou de l'époux survivant, à moins qu'il ne soit évident que le défunt n'a pas voulu de poursuite.

Art. 66. La plainte ne peut être portée que dans le délai de trois mois après que celui qui a le droit de la porter a eu connaissance du fait commis, s'il réside en Europe, ou pendant neuf mois après qu'il en a eu connaissance, s'il réside hors d'Europe.

Art. 67. Celui qui porte la plainte aura la faculté de s'en désister pendant huit jours après le jour où elle a été portée.

TITRE VIII.

EXTINCTION DE L'ACTION PUBLIQUE ET DE LA PEINE.

ART. 68. Sauf les cas où les jugements sont sujets à une revision, nul ne peut être poursuivi une seconde fois pour un fait jugé en dernier ressort à son égard par arrêté du juge néerlandais, ou du juge dans les colonies ou possessions du royaume dans d'autres parties du monde.

Si la décision émane d'un autre juge, aucune poursuite ne peut avoir lieu pour le même fait contre la même personne s'il y a eu :

1° Soit acquittement ou renvoi de la poursuite ;

2° Soit condamnation suivie d'exécution totale, de grâce ou de prescription de la peine.

ART. 69. L'action publique est éteinte par la mort du prévenu.

ART. 70. L'action publique est éteinte par la prescription :

1° Après un an pour toutes les contraventions et tous les délits commis au moyen de la presse ;

2° Après six ans pour les délits emportant l'amende, la détention ou l'emprisonnement de trois ans au plus ;

3° Après douze ans pour tous les délits emportant un emprisonnement à temps de plus de trois ans ;

4° Après dix-huit ans pour tous les délits emportant l'emprisonnement à perpétuité.

ART. 71. La prescription commence à courir le lendemain du jour où le fait a été commis, excepté dans les cas suivants :

1° En cas de faux, fausse monnaie ou altération de monnaie, la prescription commence à courir le lendemain du jour où il a été fait usage de l'objet à l'égard duquel le faux, la falsification ou l'altération de la monnaie ont été commis;

2° Pour les délits mentionnés aux articles 278, 279 et 282, le lendemain du jour de la mise en liberté ou de la mort de celui au préjudice duquel le délit a été commis directement.

Art. 72. Tout acte de poursuite interrompt la prescription, pourvu que cet acte soit connu de la personne poursuivie ou lui soit notifié de la manière prescrite par la loi pour les actes judiciaires.

Après l'interruption, un nouveau délai de la prescription commence à courir.

Art. 73. La suspension de la poursuite pour la décision d'une question préjudicielle suspend la prescription.

Art. 74. Le droit de poursuite, à raison de contraventions pour lesquelles il n'a pas été fixé d'autre peine principale que l'amende, est éteint par le payement volontaire du maximum de l'amende, et des frais s'il y a déjà eu des poursuites, effectué avec l'autorisation de l'officier du ministère public compétent, dans le délai fixé par lui.

Si, outre l'amende, le fait dont il s'agit emporte la confiscation, les objets sujets à la confiscation doivent de plus être remis, ou la valeur à laquelle ils ont été estimés doit être payée.

Dans les cas où la peine est aggravée pour cause de récidive, cette aggravation est applicable au cas où l'action publique, à raison de la contravention commise antérieurement, est éteinte en vertu des dispositions du premier et du deuxième alinéa du présent article.

Art. 75. Le droit d'exécution de la peine est éteint par la mort du condamné.

Art. 76. Le droit d'exécution de la peine est éteint par la prescription.

Le délai de la prescription est de deux ans pour les contraventions, de cinq ans pour les délits commis au moyen de la presse; et pour tous autres délits, il excède d'un tiers le terme de la prescription de l'action publique.

En aucun cas, le délai de la prescription ne sera plus court que la durée de la peine infligée.

Art. 77. Le délai de la prescription court du lendemain du jour où le jugement peut être exécuté.

En cas d'évasion d'un condamné hors de l'établissement où il subit sa peine, le délai de la prescription recommence à courir le lendemain de l'évasion. En cas de révocation d'une mise en liberté conditionnelle, le délai de la prescription recommence à courir le lendemain de la révocation.

Le délai ne court pas pendant le temps où la mise à exécution est suspendue par la loi, ni pendant le temps que le condamné a été en prison préventive, même en vue d'une autre condamnation.

TITRE IX.

SIGNIFICATION DE QUELQUES TERMES EMPLOYÉS DANS LE CODE.

Art. 78. Lorsque la loi parle de délits en général ou d'un délit en particulier, la complicité et la tentative de ce délit sont comprises dans la disposition, à moins que le contraire ne résulte d'une disposition particulière.

Art. 79. Il y a attentat du moment où il y a tentative punissable du fait projeté.

Art. 80. Il y a complot du moment où deux ou plusieurs personnes se sont concertées pour commettre le délit.

Art. 81. Est assimilé à la violence le fait de mettre une personne en état de défaillance ou de perte de connaissance.

Art. 82. Dans l'expression « grave lésion corporelle » sont comprises : les maladies ne laissant pas de chances de guérison complète, l'incapacité permanente d'exercer ses fonctions ou son emploi, et l'avortement de la femme ou la mort de son fruit.

Est encore compris dans l'expression « grave lésion corporelle » le trouble de l'esprit ayant duré pendant plus de quatre semaines.

Art. 83. Est Néerlandais celui qui a cette qualité en vertu de la loi portée pour l'exécution de l'article 7 de la loi fondamentale.

Est assimilé au Néerlandais celui dont l'extradition est interdite par la loi.

Art. 84. Sont considérées comme fonctionnaires toutes personnes élues dans les élections ordonnées en vertu d'une disposition de la loi.

Dans les termes « fonctionnaires et juges » sont compris les arbitres; dans le terme « juges » ceux qui exercent la juridiction administrative.

Tous ceux qui appartiennent à la force armée sont aussi considérés comme fonctionnaires.

Art. 85. Le « capitaine » est le commandant d'un bâtiment ou celui qui le remplace.

Les « embarqués » sont tous ceux qui se trouvent à bord, à l'exception du capitaine.

L'« équipage » comprend tous ceux qui se trouvent à bord en qualité d'officiers ou de matelots.

Art. 86. Le terme « bâtiments néerlandais » ne comprend que

les bâtiments qui sont considérés comme navires de mer par la loi sur les lettres de mer et les permis de porter le pavillon néerlandais.

Art. 87. Dans le terme « ennemis » sont compris les insurgés.
Le terme « guerre » comprend la guerre civile.

L'expression « temps de guerre » comprend le temps où la guerre est imminente. Le temps de guerre est censé exister dès que la milice de terre a été, en tout ou en partie, extraordinairement appelée aux armes par le roi.

Art. 88. Par le mot « jour » la loi entend une durée de vingt-quatre heures; par le mot « mois » une durée de trente jours.

Art. 89. Le terme « escalade » comprend le fait de s'introduire par une ouverture souterraine, ou de franchir des clôtures ou fossés servant de clôture.

Art. 90. Sont qualifiés « fausses clefs » tous instruments non destinés à ouvrir la serrure.

DISPOSITION FINALE.

Art. 91. Les dispositions des huit premiers articles du présent livre sont applicables même aux faits pour lesquels il est porté une peine par d'autres lois ou ordonnances, à moins que la loi n'en décide autrement.

LIVRE DEUXIÈME.

DÉLITS.

———

TITRE PREMIER.

DÉLITS CONTRE LA SÛRETÉ DE L'ÉTAT.

Art. 92. L'attentat entrepris contre la vie ou la liberté du roi, de la reine régnante ou du régent, ou ayant pour but de les rendre incapables de régner, est puni d'un emprisonnement à perpétuité ou à temps, de vingt ans au plus.

Art. 93. L'attentat dont le but est de soumettre le royaume, soit en entier, soit en partie, à la domination étrangère, ou d'en détacher une partie, est puni d'un emprisonnement à perpétuité ou à temps, de vingt ans au plus.

Art. 94. L'attentat entrepris en vue de renverser ou de changer d'une manière illégale la constitution ou l'ordre de successibilité au trône est puni d'un emprisonnement de quinze ans au plus.

Art. 95. Est puni d'un emprisonnement de quinze ans au plus celui qui, par violence ou par menaces de violence, disperse une assemblée du conseil de régence, la force à prendre ou à ne pas prendre une résolution, ou éloigne un membre de cette assemblée[1].

Celui qui, par violence ou par menaces de violence, empêche,

---

[1] Le conseil de régence, composé des ministres et du Conseil d'État, exerce temporairement le pouvoir royal. (Loi fondamentale, art. 42 et 47.)

avec intention, un membre du conseil de régence d'assister à la
séance, ou d'y remplir son devoir librement et sans obstacle, est
puni d'un emprisonnement de six ans au plus.

Art. 96. Le complot ayant pour but un des délits mentionnés
aux articles 92-95 est puni d'un emprisonnement de cinq ans au
plus.

Art. 97. Celui qui entre en relations avec une puissance étrangère, en vue de la pousser à commettre des hostilités ou à faire la
guerre contre l'État, de la fortifier dans la résolution prise par elle
en ce sens, de lui promettre assistance pour l'exécution, ou de lui
donner assistance dans les préparatifs, est puni d'un emprisonnement de quinze ans au plus.

Si les hostilités ont été commises ou si la guerre a éclaté, la
peine appliquée est l'emprisonnement à perpétuité ou à temps,
de vingt ans au plus.

Art. 98. Celui qui, avec intention, publie, communique à une
puissance étrangère ou fait tomber entre les mains de cette puissance des documents, des rapports ou des indications concernant
quelque affaire dont il sait que l'intérêt de l'État exige le secret,
est puni d'un emprisonnement de six ans au plus.

Art. 99. Celui qui, chargé par le gouvernement d'une négocia-
tion avec une puissance étrangère, la conduit, avec intention, d'une
manière préjudiciable à l'État, est puni d'un emprisonnement de
douze ans au plus.

Art. 100. Est puni d'un emprisonnement de six ans au plus :
1° Celui qui, dans une guerre où les Pays-Bas ne sont pas
compromis, commet, avec intention, un acte mettant en danger la

neutralité de l'État, ou enfreint, avec intention, une injonction spéciale, donnée et publiée par le gouvernement pour le maintien de la neutralité;

2° Celui qui, en temps de guerre, enfreint, avec intention, une injonction donnée et publiée par le gouvernement dans l'intérêt de la sûreté de l'État.

Art. 101. Tout Néerlandais qui, sachant que les Pays-Bas sont ou seront probablement bientôt en guerre avec une puissance étrangère, prend volontairement du service chez cette puissance, est puni (dans le second cas si la guerre éclate) d'un emprisonnement de quinze ans au plus [1].

Art. 102. Est puni d'un emprisonnement de quinze ans au plus celui qui, en temps de guerre, avec intention, donne assistance à l'ennemi ou met l'État dans l'infériorité à l'égard de l'ennemi.

La peine appliquée est l'emprisonnement à perpétuité ou l'emprisonnement à temps, de vingt ans au plus :

1° Si l'auteur livre par trahison à l'ennemi, fait tomber au pouvoir de l'ennemi, détruit ou met hors de service une place forte, un poste, un moyen de communication, un magasin, des provisions de guerre ou une caisse militaire, ou la flotte ou l'armée, en entier ou en partie, ou s'il empêche, retarde ou rend inutile une inondation ou tout autre travail militaire, projeté ou exécuté pour la défense ou l'attaque;

2° S'il communique à l'ennemi ou fait tomber aux mains de l'ennemi des cartes, plans, dessins ou descriptions de travaux mi-

---

[1] Le fait de prendre du service chez une puissance étrangère ne constitue un délit que quand cette puissance est en guerre actuelle ou imminente avec les Pays-Bas. Hors ce cas spécial, le fait dont il s'agit entraîne seulement la perte de la nationalité néerlandaise. (Code civil, art. 9; loi du 28 juin 1850, art. 10.)

litaires, ou des indications concernant les mouvements ou projets militaires;

3° S'il provoque ou favorise soit une révolte, soit une mutinerie ou une désertion parmi les troupes [1];

4° S'il sert l'ennemi comme espion ou s'il recueille, cache ou secourt un espion de l'ennemi.

ART. 103. Le complot ayant pour but un des délits mentionnés à l'article 102 est puni d'un emprisonnement de cinq ans au plus.

ART. 104. Est puni d'un emprisonnement de six ans au plus celui qui, en temps de guerre, avec intention, sans toutefois avoir le dessein de porter secours à l'ennemi ou de mettre l'État dans l'infériorité à l'égard de l'ennemi :

1° Recueille, cache ou secourt un espion de l'ennemi;

2° Provoque ou favorise la désertion d'un militaire au service du royaume.

ART. 105. Celui qui, en temps de guerre, commet quelque fraude dans la livraison des choses nécessaires pour le service de la flotte ou de l'armée, est puni d'un emprisonnement de douze ans au plus.

ART. 106. En cas de condamnation pour le délit spécifié dans l'article 92, la destitution des droits mentionnés à l'article 28, n°s 1-5, peut être prononcée.

En cas de condamnation pour un des délits spécifiés dans les articles 93-103, la destitution des droits mentionnés à l'article 28, n°s 1-3, peut être prononcée.

En cas de condamnation pour le délit spécifié dans l'article 105,

---

[1] Le terme de *mutinerie*, emprunté au droit pénal militaire, signifie acte d'insubordination commis par plusieurs personnes réunies.

le coupable peut être destitué du droit d'exercer la profession dans laquelle il a commis le délit et des droits énumérés dans l'article 28, n°s 1-4, et la publication du jugement peut être prononcée.

ART. 107. Les peines établies pour les faits spécifiés dans les articles 102-105 sont applicables au cas où un de ces faits a été commis contre les alliés de l'État, dans une guerre commune ou concernant ces alliés.

TITRE II.

DÉLITS CONTRE LA DIGNITÉ ROYALE.

ART. 108. L'attentat contre la vie ou la liberté de la reine non régnante, de l'héritier présomptif du trône ou d'un membre de la famille royale, est puni d'un emprisonnement de quinze ans au plus. Si l'attentat contre la vie a été suivi de mort ou a été entrepris avec préméditation, la peine appliquée est l'emprisonnement à perpétuité ou à temps, de vingt ans au plus.

ART. 109. Toute voie de fait commise contre la personne du roi ou de la reine, et n'emportant pas de peine plus grave, est punie d'un emprisonnement de sept ans et six mois au plus.

ART. 110. Toute voie de fait commise contre la personne de l'héritier présomptif du trône, d'un membre de la famille royale ou du régent, et n'emportant pas de peine plus grave, est punie d'un emprisonnement de six ans au plus.

ART. 111. L'outrage fait, avec intention, au roi ou à la reine est puni d'un emprisonnement de cinq ans au plus ou d'une amende de trois cents florins au plus.

Art. 112. L'outrage fait, avec intention, à l'héritier présomptif du trône, à un membre de la famille royale ou au régent est puni d'un emprisonnement de quatre ans au plus ou d'une amende de trois cents florins au plus.

Art. 113. Celui qui répand, expose en public ou affiche un écrit ou une image contenant un outrage au roi, à la reine, à l'héritier présomptif du trône, à un membre de la famille royale ou au régent, dans le dessein de donner de la publicité au contenu outrageant ou d'en augmenter la publicité, est puni d'un emprisonnement d'un an au plus ou d'une amende de trois cents florins au plus.

Si le coupable commet le délit dans l'exercice de sa profession, et si, au moment où il le commet, deux ans ne se sont pas encore écoulés depuis qu'il a été condamné en dernier ressort pour le même délit, il peut être destitué du droit d'exercer cette profession.

Art. 114. Dans le cas de condamnation pour le délit spécifié dans l'article 108, la destitution des droits énumérés dans l'article 28, n°s 1-5, peut être prononcée.

Dans le cas de condamnation pour un des délits spécifiés dans les articles 109 et 110, la destitution des droits énumérés dans l'article 28, n°s 1-4, peut être prononcée.

Dans le cas de condamnation pour un des délits spécifiés dans les articles 111 et 112, la destitution des droits énumérés dans l'article 28, n°s 1-3, peut être prononcée.

TITRE III.

DÉLITS CONTRE LES CHEFS ET LES REPRÉSENTANTS D'ÉTATS AMIS.

Art. 115. L'attentat contre la vie ou la liberté d'un prince régnant, ou d'un autre chef d'un État ami, est puni d'un emprisonnement de quinze ans au plus.

Si l'attentat contre la vie est suivi de mort ou a été entrepris avec préméditation, la peine appliquée est l'emprisonnement à perpétuité ou à temps, de vingt ans au plus.

ART. 116. Toute voie de fait commise contre la personne d'un prince régnant ou d'un autre chef d'un État ami, et n'emportant pas de peine plus grave, est punie d'un emprisonnement de six ans au plus.

ART. 117. L'outrage fait, avec intention, à un prince régnant ou à tout autre chef d'un État ami est puni d'un emprisonnement de quatre ans au plus ou d'une amende de trois cents florins au plus.

ART. 118. L'outrage fait, avec intention, à un représentant d'une puissance étrangère près du gouvernement néerlandais, en sadite qualité, est puni d'un emprisonnement de quatre ans au plus ou d'une amende de trois cents florins au plus.

ART. 119. Celui qui répand, expose en public ou affiche un écrit ou une image contenant un outrage à un prince régnant ou à tout autre chef d'un État ami, ou à un représentant d'une puissance étrangère près du gouvernement néerlandais, en sadite qualité, dans le dessein de donner de la publicité au contenu outrageant ou d'en augmenter la publicité, est puni d'un emprisonnement de six mois au plus ou d'une amende de trois cents florins au plus.

Si le coupable commet le délit dans l'exercice de sa profession, et si, au moment où il le commet, deux ans ne se sont pas encore écoulés depuis qu'il a été condamné en dernier ressort pour le même délit, il peut être destitué du droit d'exercer cette profession.

Aʀᴛ. 120. Dans le cas de condamnation pour le délit spécifié dans l'article 115, la destitution des droits énumérés dans l'article 28, nᵒˢ 1-5, peut être prononcée.

Dans le cas de condamnation pour le délit spécifié dans l'article 116, la destitution des droits énumérés dans l'article 28, nᵒˢ 1-4, peut être prononcée.

Dans le cas de condamnation pour un des délits spécifiés dans les articles 117 et 118, la destitution des droits énumérés dans l'article 28, nᵒˢ 1-3, peut être prononcée.

TITRE IV.

DÉLITS RELATIFS À L'EXERCICE DES DROITS ET DES DEVOIRS CIVIQUES.

Aʀᴛ. 121. Celui qui, par violence ou par menaces de violence, disperse une assemblée des deux chambres des États généraux ou de l'une d'elles, la force à prendre ou à ne pas prendre une résolution, ou éloigne un membre de cette assemblée, est puni d'un emprisonnement de douze ans au plus.

Aʀᴛ. 122. Celui qui, par violence ou par menaces de violence, empêche, avec intention, un membre d'une des chambres des États généraux d'assister à une assemblée ou d'y remplir son devoir librement et sans obstacle, est puni d'un emprisonnement de trois ans au plus.

Aʀᴛ. 123. Celui qui, par violence ou par menaces de violence, disperse une assemblée des États d'une province ou d'un conseil communal, la force à prendre ou à ne pas prendre une résolution, ou éloigne de cette assemblée le président ou un membre, est puni d'un emprisonnement de neuf ans au plus.

Aʀᴛ. 124. Celui qui, par violence ou par menaces de violence, empêche, avec intention, le président ou un membre des États d'une province ou d'un conseil communal d'assister à une assemblée ou d'y remplir son devoir librement et sans obstacle, est puni d'un emprisonnement de deux ans au plus.

Art. 125. Celui qui, à l'occasion d'une élection ordonnée en vertu d'une disposition de la loi, empêche quelqu'un, par violence ou par menaces de violence, d'exercer librement et sans obstacle son droit électoral, est puni d'un emprisonnement d'un an au plus.

Art. 126. Celui qui, à l'occasion d'une élection ordonnée en vertu d'une disposition de la loi, détermine quelqu'un, par dons ou promesses, à ne pas exercer son droit électoral, ou à l'exercer d'une certaine manière, est puni d'un emprisonnement de six mois au plus ou d'une amende de trois cents florins au plus. La même peine s'applique à l'électeur qui s'est laissé gagner, par dons ou promesses, à voter d'une façon ou d'une autre.

Art. 127. Celui qui, à l'occasion d'une élection ordonnée en vertu d'une disposition de la loi, commet quelque fraude tendant soit à rendre nul le vote d'un électeur, soit à faire désigner une autre personne que la personne voulue par l'électeur, est puni d'un emprisonnement de six mois au plus.

Art. 128. Celui qui, avec intention, en se faisant passer pour un autre, prend part à une élection ordonnée en vertu d'une disposition de la loi, est puni d'un emprisonnement d'un an au plus.

Art. 129. Celui qui, avec intention, à l'occasion d'une élection ordonnée en vertu d'une disposition de la loi, rend nul un vote qui a eu lieu ou commet quelque fraude donnant au vote un autre résultat que celui qui résulte des bulletins de vote légalement déposés, est puni d'un emprisonnement d'un an et six mois au plus.

Art. 130. Dans le cas de condamnation pour l'un des délits spécifiés dans les articles 121 et 123, la destitution des droits spécifiés dans l'article 28, n°⁵ 1-3, peut être prononcée.

Dans le cas de condamnation pour un des délits spécifiés dans les articles 121 et 124-129, la destitution des droits spécifiés à l'article 28, n° 3, peut être prononcée.

TITRE V.

DÉLITS CONTRE L'ORDRE PUBLIC.

Art. 131. Celui qui, verbalement ou par écrit, provoque en public à quelque fait punissable, est puni d'un emprisonnement de cinq ans au plus ou d'une amende de trois cents florins au plus.

Art. 132. Celui qui répand, expose ou affiche en public un écrit provoquant à quelque fait punissable, dans le dessein de donner de la publicité au contenu provocateur ou d'en augmenter la publicité, est puni d'un emprisonnement de trois ans au plus ou d'une amende de trois cents florins au plus.

Si le coupable commet le délit dans l'exercice de sa profession, et si, au moment où il le commet, cinq ans ne se sont pas encore écoulés depuis qu'il a été condamné en dernier ressort pour le même délit, il peut être destitué du droit d'exercer cette profession.

Art. 133. Celui qui, en public, soit verbalement, soit par écrit, offre de procurer des indications, l'occasion ou les moyens, pour commettre quelque fait punissable, est puni d'un emprisonnement de six mois au plus ou d'une amende de trois cents florins au plus.

Art. 134. Celui qui répand, expose ou affiche en public un écrit contenant l'offre de procurer des indications, l'occasion ou les moyens, pour commettre quelque fait punissable, dans le dessein de donner de la publicité à cette offre ou d'en augmenter la publicité, est puni d'un emprisonnement de trois mois au plus ou d'une amende de trois cents florins au plus.

Si le coupable commet le délit dans l'exercice de sa profession, et si, au moment où il le commet, cinq ans ne se sont pas encore écoulés depuis qu'il a été condamné en dernier ressort pour le même délit, il peut être destitué du droit d'exercer cette profession.

Art. 135. Celui qui, ayant connaissance d'un complot ayant pour but un des délits indiqués aux articles 92-95 ou 102, à un moment où l'exécution de ces délits peut encore être empêchée, néglige, avec intention, d'en informer à temps soit les agents de la justice ou de la police, soit celui qui est menacé par le complot, est puni, si le délit a eu lieu, d'un emprisonnement d'un an au plus ou d'une amende de trois cents florins au plus.

Art. 136. Celui qui, sachant qu'il existe un projet de commettre un des délits mentionnés aux articles 92-110, une désertion en temps de guerre, une trahison militaire, un meurtre, un enlèvement ou un viol, ou bien un des délits mentionnés au titre vii de ce livre, en tant qu'ils entraînent danger de mort, à un moment où l'exécution de ces délits peut encore être empêchée, néglige, avec intention, d'en informer à temps soit les agents de la justice ou de la police, soit la personne menacée, est puni, si le délit a eu lieu, d'un emprisonnement de six mois au plus ou d'une amende de trois cents florins au plus.

La même peine s'applique à celui qui, sachant qu'il a été commis un des délits mentionnés dans le premier paragraphe et ayant entraîné danger de mort, néglige, avec intention, à un moment où les suites peuvent encore être prévenues, d'en donner l'information comme il est dit ci-dessus.

Art. 137. Les dispositions des articles 135 et 136 ne s'appliquent pas à celui qui, en donnant l'information, ferait naître le danger d'une poursuite contre lui-même, contre un de ses parents ou alliés dans la ligne directe, ou au deuxième ou troisième degré de la ligne collatérale, contre son conjoint ou son ancien conjoint, ou contre toute autre personne dans le procès de laquelle il aurait pu se dispenser de rendre témoignage à cause de sa profession ou de son emploi.

Art. 138. Celui qui pénètre illégalement dans l'habitation ou dans l'enceinte ou l'enclos habités par un autre, ou qui, s'y trouvant illégalement, ne s'éloigne pas de suite, à la sommation faite par l'ayant droit ou de la part de celui-ci, est puni d'un emprisonnement de six mois au plus ou d'une amende de trois cents florins au plus.

Celui qui s'est procuré l'accès au moyen d'effraction ou d'escalade, de fausses clefs, d'un faux ordre ou d'un faux costume, ou qui, étant entré à l'insu de l'ayant droit et autrement que par méprise, y est trouvé pendant le temps destiné au repos de la nuit, est censé avoir pénétré.

S'il use de menaces ou s'il emploie des moyens propres à inspirer de la crainte, il est puni d'un emprisonnement d'un an au plus.

Les peines mentionnées au premier et au troisième alinéa

peuvent être élevées d'un tiers si le délit est commis par deux ou plusieurs personnes conjointement[1].

Art. 139. Celui qui pénètre illégalement dans une localité destinée au service public, ou qui, s'y trouvant illégalement, ne s'éloigne pas sur-le-champ à la sommation de l'employé compétent, est puni d'un emprisonnement de trois mois au plus ou d'une amende de trois cents florins au plus.

Celui qui s'est procuré l'accès au moyen d'effraction ou d'escalade, de fausses clefs, d'un faux ordre ou d'un faux costume, ou qui, étant entré à l'insu de l'employé compétent et autrement que par méprise, y est trouvé pendant le temps destiné au repos de la nuit, est censé avoir pénétré.

S'il use de menaces ou s'il emploie des moyens propres à inspirer de la crainte, il est puni d'un emprisonnement d'un an au plus.

Les peines mentionnées au premier et au troisième alinéa peuvent être élevées d'un tiers si le délit est commis par deux ou plusieurs personnes conjointement.

Art. 140. La participation à toute association ayant pour but de commettre des délits est punie d'un emprisonnement de cinq ans au plus.

La participation à toute autre association prohibée par la loi est punie d'un emprisonnement de six mois au plus ou d'une amende de trois cents florins au plus.

Pour les auteurs ou directeurs, ces peines peuvent être élevées d'un tiers.

Art. 141. Ceux qui, en public, à forces réunies, commettent

---

[1] Cet article donne une sanction pénale à l'article 153 de la loi fondamentale.

des violences contre des personnes ou des biens, sont punis d'un emprisonnement de quatre ans et six mois au plus.

Le coupable est puni :

1° D'un emprisonnement de six ans au plus, s'il détruit des biens, avec intention, ou si la violence par lui commise a été suivie de quelque lésion corporelle;

2° D'un emprisonnement de neuf ans au plus, si cette violence a été suivie de quelque grave lésion corporelle;

3° D'un emprisonnement de douze ans au plus, si cette violence a été suivie de mort.

L'article 81 ne s'applique pas.

ART. 142. Celui qui, avec intention, par des cris d'alarme ou des signaux, trouble la paix, est puni d'un emprisonnement de deux semaines au plus ou d'une amende de soixante florins au plus.

ART. 143. Celui qui, par violence ou par menaces de violence, empêche de tenir une assemblée publique permise, est puni d'un emprisonnement de neuf mois au plus.

ART. 144. Celui qui, avec intention, en causant du désordre ou en faisant du bruit, trouble une assemblée publique permise, est puni d'un emprisonnement de deux semaines au plus ou d'une amende de soixante florins au plus.

ART. 145. Celui qui, par violence ou par menaces de violence, empêche soit une assemblée religieuse permise et publique, soit une cérémonie religieuse permise, soit un enterrement, est puni d'un emprisonnement d'un an au plus.

ART. 146. Celui qui, avec intention, en causant du désordre ou en faisant du bruit, trouble soit une assemblée religieuse permise

et publique, soit une cérémonie religieuse permise, soit un enterrement, est puni d'un emprisonnement d'un mois au plus ou
d'une amende de cent vingt florins au plus.

ART. 147. Est puni d'un emprisonnement de trois mois au
plus ou d'une amende de cent vingt florins au plus :

1° Celui qui se moque d'un ministre du culte dans l'exercice de
son ministère;

2° Celui qui insulte les objets consacrés à un culte, dans les
lieux et aux moments où l'exercice de ce culte est permis.

ART. 148. Celui qui empêche ou entrave volontairement l'entrée permise d'un cimetière, ou le transport permis d'un cadavre
à un cimetière, est puni d'un emprisonnement d'un mois ou d'une
amende de cent vingt florins au plus [1].

ART. 149. Celui qui, avec intention, viole une sépulture, ou,
avec intention et illégalement, détruit ou endommage un monu-
ment érigé dans un cimetière, est puni d'un emprisonnement d'un
an au plus.

ART. 150. Celui qui, avec intention et illégalement, exhume ou
enlève un cadavre, ou déplace ou transporte un cadavre exhumé ou
enlevé, est puni d'un emprisonnement d'un an au plus ou d'une
amende de trois cents florins au plus.

ART. 151. Celui qui enterre, cache, emporte ou fait disparaître un cadavre, avec l'intention de cacher le décès ou la naissance, est puni d'un emprisonnement de six ans au plus ou d'une
amende de trois cents florins au plus.

[1] Cf. les articles 39-44 de la loi du 10 avril 1869.

TITRE VI.

DUEL.

Art. 152. Est puni d'un emprisonnement de six mois au plus :

1° Celui qui excite quelqu'un à faire une provocation ou à accepter une provocation, s'il s'ensuit un duel;

2° Celui qui transmet une provocation, avec intention, s'il s'ensuit un duel.

Art. 153. Est puni d'un emprisonnement de quatre mois au plus ou d'une amende de trois cents florins au plus celui qui, en public ou en présence d'une tierce personne, fait des reproches à quelqu'un ou l'expose à la raillerie, pour ne pas avoir provoqué en duel ou pour avoir refusé une provocation.

Art. 154. Le duel, pour celui qui ne fait pas de blessures à son adversaire, est puni d'un emprisonnement de six mois au plus.

Celui qui fait une lésion corporelle à son adversaire est puni d'un emprisonnement d'un an au plus.

Celui qui fait une lésion corporelle grave à son adversaire est puni d'un emprisonnement de trois ans au plus.

Celui qui tue son adversaire est puni d'un emprisonnement de six ans au plus, ou, s'il y a eu duel à mort, d'un emprisonnement de douze ans au plus.

La tentative de duel n'est pas punissable.

Art. 155. Les dispositions relatives au meurtre, à l'homicide ou aux sévices s'appliquent à celui qui, dans un duel, tue son adversaire ou lui fait quelque lésion corporelle :

1° Si les conditions n'ont pas été réglées d'avance;

2° Si le duel n'a pas eu lieu en présence de témoins des deux parties;

3° Si l'auteur commet quelque fraude ou s'écarte des conditions, avec intention, et au détriment de son adversaire.

Art. 156. Les témoins et les médecins qui assistent à un duel ne sont pas punis.

Les témoins sont punis :

1° D'un emprisonnement de deux ans au plus, si les conditions n'ont pas été réglées d'avance, ou s'ils excitent les parties à continuer le duel;

2° D'un emprisonnement de trois ans au plus, si, avec intention et au détriment d'une des deux parties, ils commettent quelque fraude ou permettent quelque fraude de la part des combattants, ou s'ils permettent qu'on s'écarte des conditions.

Les dispositions relatives au meurtre, à l'homicide ou aux sévices s'appliquent au témoin dans un duel où l'une des parties a été tuée ou blessée, s'il a, avec intention, et au détriment de celle-ci, commis quelque fraude ou permis quelque fraude, ou s'il a permis qu'on s'écartât des conditions au détriment de la personne tuée ou blessée.

TITRE VII.

DÉLITS COMPROMETTANT LA SÛRETÉ GÉNÉRALE DES PERSONNES ET DES BIENS.

Art. 157. Celui qui, avec intention, allume un incendie, cause une explosion ou une inondation, est puni :

1° D'un emprisonnement de douze ans au plus, s'il peut en résulter un danger commun pour des propriétés;

2° D'un emprisonnement de quinze ans au plus, s'il peut en résulter un danger de mort pour quelqu'un;

3° D'un emprisonnement à perpétuité ou à temps, de vingt

ans au plus, s'il peut en résulter un danger de mort pour quelqu'un et si le fait a été suivi de la mort de quelqu'un.

ART. 158. Celui à la faute duquel un incendie, une explosion
ou une inondation doivent être attribués est puni :

1° D'un emprisonnement ou d'une détention de trois mois au
plus ou d'une amende de trois cents florins au plus, s'il en résulte du danger pour des biens;

2° D'un emprisonnement ou d'une détention de six mois au
plus ou d'une amende de trois cents florins au plus, s'il en résulte danger de mort pour un autre;

3° D'un emprisonnement ou d'une détention d'un an au plus,
si le fait a été suivi de la mort de quelqu'un.

ART. 159. Celui qui, avec intention, à l'occasion ou en prévision d'un incendie, cache ou met hors d'usage illégalement des
machines ou des moyens d'extinction, ou qui empêche ou entrave
de quelque manière que ce soit l'extinction de l'incendie, est puni
d'un emprisonnement de six ans au plus.

ART. 160. Celui qui, avec intention, à l'occasion ou en prévision d'une inondation, cache ou met hors d'usage illégalement des
matériaux ou des instruments servant à réparer des digues, fait
échouer quelque tentative pour réparer des digues ou autres travaux du *Waterstaat,* ou combat les moyens employés pour prévenir
ou arrêter une inondation, est puni d'un emprisonnement de six
ans au plus.

ART. 161. Celui qui, avec intention, anéantit, met hors d'usage
ou dégrade quelque ouvrage servant à retenir ou à faire écouler
des eaux, est puni, s'il peut en résulter un danger d'inondation,
d'un emprisonnement de six ans au plus.

Art. 162. Celui qui, avec intention, détruit, met hors d'usage ou dégrade quelque ouvrage servant à la communication publique, obstrue quelque voie publique de terre ou d'eau, ou rend inutile quelque mesure de sûreté prise à l'égard d'un ouvrage ou d'une voie de ce genre, est puni :

1° D'un emprisonnement de neuf ans au plus, s'il peut en résulter un danger pour la sûreté de la communication;

2° D'un emprisonnement de quinze ans au plus, s'il peut en résulter un danger pour la sûreté de la communication, et si le fait a été suivi de la mort de quelqu'un.

Art. 163. Celui par la faute duquel un ouvrage servant à la communication publique est détruit, mis hors d'usage ou dégradé, une voie publique de terre ou d'eau est obstruée, ou bien une mesure de sûreté prise à l'égard d'un ouvrage ou d'une voie de ce genre est rendue inutile, est puni :

1° D'un emprisonnement ou d'une détention de trois mois au plus ou d'une amende de trois cents florins au plus, si par là la communication est devenue dangereuse;

2° D'un emprisonnement ou d'une détention d'un an au plus, si le fait a été suivi de la mort de quelqu'un.

Art. 164. Celui qui, avec intention, fait naître du danger pour la communication au moyen de la vapeur sur une voie ferrée, est puni d'un emprisonnement de quinze ans au plus.

Si le fait est suivi de la mort de quelqu'un, le coupable est puni d'un emprisonnement à perpétuité ou à temps, de vingt ans au plus.

Art. 165. Celui par la faute duquel il est né du danger pour la communication au moyen de la vapeur sur une voie ferrée est puni d'un emprisonnement ou d'une détention de six mois au plus ou d'une amende de trois cents florins au plus [1].

Si le fait a été suivi de la mort de quelqu'un, le coupable sera puni d'un emprisonnement ou d'une détention d'un an au plus.

Art. 166. Celui qui, avec intention, détruit, dégrade, emporte ou déplace quelque signe placé pour la sûreté de la navigation, en empêche l'effet ou pose un signe à contresens, est puni :

1° D'un emprisonnement de douze ans au plus, s'il peut en résulter du danger pour la sûreté de la navigation;

2° D'un emprisonnement de quinze ans au plus, s'il peut en résulter du danger pour la sûreté de la navigation et que le fait ait été suivi de la perte ou de l'échouement d'un navire;

3° D'un emprisonnement à perpétuité ou à temps, de vingt ans au plus, s'il peut en résulter du danger pou la sûreté de la navigation et que le fait ait été suivi de la mort de quelqu'un.

Art. 167. Celui qui, par sa faute, a amené la destruction, la dégradation, l'enlèvement ou le déplacement d'un signe placé pour la sûreté de la navigation, ou l'impossibilité, pour ce signe, de produire son effet, ou le placement d'un signe à contresens, est puni :

1° D'un emprisonnement ou d'une détention de trois mois au plus ou d'une amende de trois cents florins au plus, si par suite la navigation devient dangereuse;

2° D'un emprisonnement ou d'une détention de six mois au plus ou d'une amende de trois cents florins au plus, si le fait a été suivi de la perte ou de l'échouement d'un navire;

[1] Le législateur emploie ici une expression générale, pour protéger non seulement les convois de chemins de fer, mais aussi les locomotives marchant seules.

3° D'un emprisonnement ou d'une détention d'un an au plus, si le fait a été suivi de la mort de quelqu'un.

Art. 168. Celui qui, avec intention et illégalement, fait couler à fond ou échouer un navire, le détruit, le met hors d'usage ou l'endommage, est puni :

1° D'un emprisonnement de quinze ans au plus, s'il peut en résulter du danger pour un autre;

2° D'un emprisonnement à perpétuité ou à temps, de vingt ans au plus s'il peut en résulter du danger pour un autre et que le fait ait été suivi de la mort de quelqu'un.

Art. 169. Celui par la faute duquel un navire échoue ou coule à fond, est détruit, mis hors d'usage ou endommagé, est puni :

1° D'un emprisonnement ou d'une détention de six mois au plus ou d'une amende de trois cents florins au plus, s'il en résulte danger de mort pour un autre;

2° D'un emprisonnement ou d'une détention d'un an au plus, si le fait a été suivi de la mort de quelqu'un.

Art. 170. Celui qui détruit ou endommage avec intention quelque bâtiment ou charpente est puni :

1° D'un emprisonnement de quinze ans au plus, s'il peut en résulter un danger commun pour des propriétés;

2° D'un emprisonnement de douze ans au plus, s'il peut en résulter danger de mort pour un autre;

3° D'un emprisonnement à perpétuité ou à temps, de vingt ans au plus, s'il peut en résulter danger de mort pour un autre et que le fait ait été suivi de la mort de quelqu'un.

Art. 171. Celui par la faute duquel quelque bâtiment ou charpente est détruit ou endommagé est puni :

1° D'un emprisonnement ou d'une détention de trois mois au plus ou d'une amende de trois cents florins au plus, s'il en résulte un danger commun,pour des propriétés;

2° D'un emprisonnement ou d'une détention de six mois au plus ou d'une amende de trois cents florins au plus, s'il en résulte danger de mort pour un autre;

3° D'un emprisonnement ou d'une détention d'un an au plus, si le fait a été suivi de la mort de quelqu'un.

Art. 172. Celui qui, dans un puits, une pompe, une fontaine ou un aqueduc servant à l'usage du public, ou commun entre d'autres personnes ou avec d'autres personnes, introduit quelque substance, sachant que, par suite de cette introduction, l'eau devient dangereuse pour la vie ou la santé, est puni d'un emprisonnement de quinze ans au plus.

Si le fait est suivi de la mort de quelqu'un, le coupable est puni d'un emprisonnement ou d'une détention de vingt ans au plus.

Art. 173. Celui par la faute duquel il est introduit dans un puits, une pompe, une fontaine ou un aqueduc servant à l'usage du public, ou commun entre d'autres personnes ou avec d'autres personnes, quelque substance par laquelle l'eau devient dangereuse pour la vie ou la santé, est puni d'un emprisonnement ou d'une détention de six mois au plus ou d'une amende de trois cents florins au plus.

Si le fait est suivi de la mort de quelqu'un, le coupable est puni d'un emprisonnement ou d'une détention d'un an au plus.

Art. 174. Celui qui vend, met en vente, livre ou distribue des marchandises, sachant qu'elles sont dangereuses pour la vie ou la santé, et en dissimulant leur caractère nuisible, est puni d'un emprisonnement de quinze ans au plus.

Si le fait est suivi de la mort de quelqu'un, le coupable est puni d'un emprisonnement à perpétuité ou à temps, de vingt ans au plus.

ART. 175. Celui par la faute duquel des marchandises dangereuses pour la vie ou la santé sont vendues, livrées ou distribuées, sans que l'acheteur ou l'acquéreur en connaisse le caractère nuisible, est puni d'un emprisonnement ou d'une détention de six mois au plus ou d'une amende de trois cents florins au plus.

Si le fait est suivi de la mort de quelqu'un, le coupable est puni d'un emprisonnement ou d'une détention d'un an au plus.

Les marchandises peuvent être confisquées.

ART. 176. Dans le cas de condamnation pour un délit défini dans le présent titre, il peut être interdit au coupable d'exercer la profession dans laquelle il a commis le délit.

Dans le cas de condamnation pour un des délits spécifiés dans les articles 174 et 175, le juge peut ordonner la publication de son jugement.

TITRE VIII.
DÉLITS CONTRE L'AUTORITÉ PUBLIQUE.

ART. 177. Est puni d'un emprisonnement de deux ans au plus ou d'une amende de trois cents florins au plus :

1° Celui qui fait un don ou une promesse à quelque fonctionnaire, avec le dessein de l'entraîner à faire ou à omettre un acte de sa fonction, contrairement à son devoir ;

2° Celui qui fait un don à un fonctionnaire, à la suite ou au commencement de l'acte qui a été fait ou omis par celui-ci dans sa fonction, contrairement à son devoir.

La destitution des droits mentionnés à l'article 28, n°s 1-4, peut être prononcée.

Art. 178. Celui qui fait un don ou une promesse à un juge, avec le dessein d'influer sur la décision d'une cause soumise au jugement de celui-ci, est puni d'un emprisonnement de six ans au plus.

Si ce don ou cette promesse est fait avec le dessein d'obtenir une condamnation dans une cause criminelle, le coupable sera puni d'un emprisonnement de neuf ans au plus.

La destitution des droits mentionnés à l'article 28, n°s 1-4, peut être prononcée.

Art. 179. Celui qui contraint, par la violence ou par des menaces, un fonctionnaire à faire un acte de sa fonction ou à omettre un acte légitime de sa fonction, est puni d'un emprisonnement de trois ans au plus.

Art. 180. Celui qui, par la violence ou par des menaces, s'oppose à un fonctionnaire dans l'exercice légitime de sa fonction, ou à ceux qui l'assistent, soit en vertu d'une obligation légale, soit à sa requête, est puni, comme coupable de rébellion, d'un emprisonnement d'un an au plus ou d'une amende de trois cents florins au plus.

Art. 181. La contrainte et la rébellion mentionnées dans les articles 179 et 180 sont punies :

1° D'un emprisonnement de quatre ans au plus, si le délit ou les voies de fait qui l'accompagnent sont suivis de quelque lésion corporelle;

2° D'un emprisonnement de sept ans et six mois au plus, s'ils sont suivis d'une lésion corporelle grave;

3° D'un emprisonnement de douze ans au plus, s'ils sont suivis de la mort.

Art. 182. Lorsque la contrainte et la rébellion mentionnées dans les articles 179 et 180 sont commises par deux ou plusieurs personnes réunies, elles sont punies d'un emprisonnement de six ans au plus.

Le coupable est puni :

1° D'un emprisonnement de sept ans et six mois au plus, si le délit et les voies de fait par lui commises sont suivis d'une lésion corporelle ;

2° D'un emprisonnement de douze ans au plus, s'ils sont suivis d'une grave lésion corporelle ;

3° D'un emprisonnement de quinze ans au plus, s'ils sont suivis de la mort.

Art. 183. Au point de vue des articles 179-182, les directeurs ainsi que les employés et hommes de service assermentés des chemins de fer sont considérés comme fonctionnaires [1].

Art. 184. Celui qui, avec intention, n'obéit pas à un ordre ou à une réquisition faite, en vertu d'une disposition de la loi, par un fonctionnaire chargé de l'exercice de quelque surveillance, ou par un fonctionnaire ayant charge ou autorisation de rechercher des faits punissables, ainsi que celui qui, avec intention, empêche, entrave ou rend inutile quelque acte fait par un de ces fonctionnaires pour exécuter quelque disposition de la loi, est puni d'un emprisonnement de trois mois au plus ou d'une amende de six cents florins au plus.

Est assimilé aux fonctionnaires mentionnés dans l'alinéa précé-

---

[1] Cette disposition se trouvait déjà dans l'article 72 de la loi du 9 avril 1875 sur l'exploitation et le service des chemins de fer.

dent quiconque, en vertu d'une disposition de la loi, est chargé
de quelque service public soit pour toujours, soit pour un
temps.

Si, lors de la perpétration de ce délit, il ne s'est pas encore
écoulé deux ans depuis que le coupable a été condamné en dernier ressort, à raison du même délit, les peines peuvent être augmentées d'un tiers.

Art. 185. Celui qui cause du désordre à une audience ou
dans un lieu où un fonctionnaire se livre, en public, à l'exercice
légal de ses fonctions, et ne s'éloigne pas après l'ordre donné par
l'autorité compétente, ou de la part de cette autorité, est puni d'un
emprisonnement de deux semaines au plus ou d'une amende de
cent vingt florins au plus.

Art. 186. Celui qui, à l'occasion d'une émeute, refuse, avec
intention, de s'éloigner immédiatement après la troisième sommation faite par l'autorité compétente, ou de la part de cette autorité, est puni, comme coupable de participation à un attroupe-
ment, d'un emprisonnement de trois mois au plus ou d'une
amende de six cents florins au plus.

Art. 187. Celui qui, illégalement, déchire, rend illisible ou
endommage une publication faite de la part de l'autorité compétente, avec le dessein de faire en sorte qu'elle ne parvienne pas
ou qu'elle parvienne difficilement à la connaissance du public, est
puni d'un emprisonnement d'un mois au plus ou d'une amende
de trois cents florins au plus.

Art. 188. Celui qui dénonce une action punissable ou porte
plainte à raison de cette action, sachant qu'elle n'a pas été commise, est puni d'un emprisonnement d'un an au plus.

ART. 189. Est puni d'un emprisonnement de six mois au plus ou d'une amende de trois cents florins au plus :

1° Celui qui, avec intention, recèle une personne coupable d'un délit ou poursuivie à raison d'un délit, ou l'aide à échapper à la recherche des agents de la justice ou de la police, ou à une arrestation de leur part;

2° Celui qui, après un délit commis, détruit, fait disparaître, cache ou soustrait à la recherche des agents de la justice ou de la police des objets sur lesquels ou avec lesquels le délit a été commis, avec le dessein de le dissimuler, ou d'empêcher ou d'entraver la recherche ou la poursuite.

Ces dispositions ne s'appliquent pas à celui qui commet les actes dont il s'agit pour éviter ou détourner le danger de poursuite d'un de ses parents ou alliés en ligne directe, ou au deuxième ou troisième degré en ligne collatérale, ou de son conjoint ou ancien conjoint.

ART. 190. Celui qui, avec intention, empêche, entrave ou rend inutile la visite judiciaire d'un cadavre, est puni d'un emprisonnement de six mois au plus ou d'une amende de trois cents florins au plus.

ART. 191. Celui qui, avec intention, délivre ou aide à se délivrer elle-même une personne privée de sa liberté par l'autorité publique, ou en vertu d'un arrêt ou d'une disposition du juge, est puni d'un emprisonnement de deux ans au plus.

ART. 192. Celui qui, étant légalement cité comme témoin, comme expert ou comme interprète, s'abstient, avec intention, d'accomplir une obligation légale qu'il devrait remplir en sadite qualité, est puni :

4.

1° En matière criminelle, d'un emprisonnement de six mois au plus;

2° En toute autre matière, d'un emprisonnement de quatre mois au plus.

ART. 193. Celui qui, avec intention, n'obéit pas à un ordre de produire une pièce, prétendue fausse ou falsifiée, ou devant servir à être comparée avec une autre prétendue fausse ou falsifiée, ou dont l'authenticité est contestée ou n'est pas reconnue, est puni :

1° En matière criminelle, d'un emprisonnement de six mois au plus;

2° En toute autre matière, d'un emprisonnement de quatre mois au plus [1].

ART. 194. Celui qui, étant déclaré en état de faillite ou d'insolvabilité évidente, ou comme directeur ou commissaire d'une compagnie anonyme ou d'une société coopérative déclarée en état de faillite, est appelé légalement pour donner des renseignements et, avec intention, sans excuse valable, s'abstient de venir, ou refuse de donner les renseignements demandés, ou de les affirmer par serment conformément à la loi, ou donne, avec intention, de faux renseignements, est puni d'un emprisonnement d'un an au plus.

ART. 195. Celui qui exerce un droit, sachant qu'il a en été destitué par décision judiciaire, est puni d'un emprisonnement de six mois au plus ou d'une amende de six cents florins au plus.

---

[1] Cet article ne s'applique pas seulement aux enquêtes ou expertises judiciaires. Cf. les articles 4 à 20 de la loi du 5 août 1850 sur le droit d'enquête, l'article 70 de la loi du 11 avril 1827 sur la garde civique.

Art. 196. Celui qui, avec intention, porte des insignes ou fait un acte d'une fonction dont il n'est pas revêtu ou dont il a été suspendu, est puni d'un emprisonnement de trois mois au plus ou d'une amende de trois cents florins au plus.

Art. 197. Un étranger qui, contrairement au commandement du roi ou à l'ordre du juge, donné en exécution de la loi, retourne dans le royaume en Europe, est puni d'un emprisonnement de trois mois au plus.

Art. 198. Celui qui, avec intention, soustrait quelque objet à une saisie faite en vertu de la loi ou à un séquestre judiciaire, ou le recèle, sachant qu'il y a été soustrait, est puni d'un emprisonnement de trois ans au plus.

Est puni de la même peine celui qui, avec intention, détruit, dégrade ou met hors d'usage un objet saisi en vertu de la loi.

Le gardien qui, avec intention, commet ou permet volontairement un de ces actes, ou bien assiste l'auteur comme complice, est puni d'un emprisonnement de quatre ans au plus.

Si un de ces actes a été commis par suite de la négligence du gardien, celui-ci est puni d'une détention d'un mois au plus ou d'une amende de cent vingt florins au plus.

Art. 199. Celui qui, avec intention, brise, enlève ou endommage des scellés apposés par l'autorité publique compétente ou par ordre de cette autorité, ou, de toute autre manière, rend inutile la clôture effectuée par ces scellés, est puni d'un emprisonnement de deux ans au plus.

Le gardien qui, avec intention, commet ou permet l'acte, ou assiste l'auteur comme complice, est puni d'un emprisonnement de trois ans au plus.

Si l'acte a été commis par suite de la négligence du gardien, celui-ci est puni d'une détention d'un mois au plus ou d'une amende de cent vingt florins au plus.

ART. 200. Celui qui, avec intention, détruit, endommage, met hors d'usage ou fait disparaître des objets destinés à servir devant l'autorité compétente comme pièces de conviction ou comme preuves, des actes, des documents ou des registres, conservés perpétuellement ou temporairement par ordre de l'autorité publique, ou mis entre les mains d'un fonctionnaire ou d'une autre personne dans l'intérêt du service public, est puni d'un emprisonnement de trois ans au plus.

ART. 201. Celui qui, avec intention, détourne de leur destination, ouvre ou endommage des lettres ou d'autres pièces déposées à un bureau de la poste ou du télégraphe, ou mises dans une boîte aux lettres, est puni d'un emprisonnement d'un an au plus.

ART. 202. Si le coupable d'un des délits mentionnés aux articles 198-201 se procure l'accès du lieu du délit, ou se rend maître de la chose, au moyen d'effraction, de bris ou d'escalade, de fausses clefs, d'un faux ordre ou d'un faux costume, la peine peut être augmentée d'un emprisonnement d'un an au plus.

ART. 203. Celui qui, en temps de paix, avec intention, provoque par un des moyens spécifiés à l'article 47, n° 2, ou favorise, d'une des manières spécifiées à l'article 48, la désertion d'un militaire au service de l'État, est puni d'un emprisonnement de six mois au plus [1].

---

[1] Cet article et le suivant érigent en délit spécial un fait qui, en réalité, constitue complicité d'un délit militaire, mais qui, à raison même du caractère du délit principal, ne peut être soumis aux règles générales sur la complicité.

Art. 204. Celui qui, en temps de paix, avec intention, provoque par un des moyens spécifiés à l'article 47, n° 2, ou favorise, d'une des manières spécifiées à l'article 48, une révolte ou émeute parmi des militaires au service de l'État, est puni d'un emprisonnement de six ans au plus.

Art. 205. Celui qui, sans la permission du roi, enrôle quelqu'un pour le service étranger, est puni d'un emprisonnement d'un an au plus ou d'une amende de trois mille florins au plus.

Art. 206. Est puni d'un emprisonnement de deux ans au plus :

1° Celui qui, avec intention, se rend ou se fait rendre impropre au service de la milice ou de la garde civique;

2° Celui qui, à la requête d'un autre, le rend impropre à ce service.

Si, dans ce dernier cas, le fait a été suivi de la mort, il est infligé un emprisonnement de six ans au plus.

TITRE IX.

FAUX SERMENT.

Art. 207. Celui qui, dans les cas où une disposition de la loi exige une déclaration affirmée par serment, ou attache à cette déclaration certaines conséquences de droit, fait volontairement une fausse déclaration sous serment, verbalement ou par écrit, en personne ou par un mandataire spécial, est puni d'un emprisonnement de six ans au plus.

Si le faux serment a été fait en matière criminelle au préjudice de la personne prévenue ou suspecte, le coupable est puni d'un emprisonnement de neuf ans au plus.

La promesse ou l'affirmation qui, en vertu de la loi, remplace le serment, est considérée comme serment.

La destitution des droits énumérés dans l'article 28, n°s 1-4, peut être prononcée.

TITRE X.

DÉLITS RELATIFS À LA MONNAIE.

Art. 208. Celui qui contrefait ou altère des monnaies ou du papier-monnaie, dans le dessein d'émettre ou de faire émettre ces monnaies ou ce papier-monnaie comme bons et non contrefaits, est puni, comme coupable de fausse monnaie, d'un emprisonnement de neuf ans au plus.

Art. 209. Celui qui, avec intention, émet, comme bons et non falsifiés, des monnaies ou du papier-monnaie, sachant, au moment où il les a reçus, qu'ils étaient faux ou falsifiés, ou en fait provision ou les introduit dans le royaume en Europe, dans le dessein de les émettre ou de les faire émettre comme bons et non falsifiés, est puni d'un emprisonnement de neuf ans au plus.

Art. 210. Celui qui diminue la valeur des monnaies, dans le dessein de les émettre ou de les faire émettre ainsi diminuées en valeur, est puni, comme coupable d'altération de monnaies, d'un emprisonnement de huit ans au plus.

Art. 211. Celui qui, avec intention, émet comme non altérées des monnaies dont l'altération lui était connue au moment où il les a reçues, ou en fait provision ou les introduit dans le royaume en Europe, dans le dessein de les émettre ou de les faire émettre comme non altérées, est puni d'un emprisonnement de huit ans au plus.

Art. 212. Si un des délits mentionnés aux articles 208-211 a lieu à l'égard de monnaies étrangères ou de papier-monnaie étranger, le maximum de la peine d'emprisonnement sera diminué de deux ans.

Art. 213. Celui qui, avec intention, après avoir eu connaissance du faux, de la falsification ou de l'altération, remet en circulation des monnaies fausses, falsifiées ou altérées, ou du papier-monnaie faux ou falsifié, est puni d'un emprisonnement de trois mois au plus ou d'une amende de trois cents florins au plus.

Art. 214. Celui qui conserve à sa disposition des matières ou des instruments, sachant qu'ils doivent servir à commettre un délit relatif à la monnaie, est puni d'un emprisonnement de six mois au plus ou d'une amende de trois cents florins au plus.

Les matières et les instruments sont confisqués.

Art. 215. Dans le cas de condamnation à raison d'un des délits spécifiés dans les articles 208-211, la destitution des droits énumérés dans l'article 28, n°ˢ 1-4, peut être prononcée.

TITRE XI.

FAUX EN TIMBRES ET MARQUES.

Art. 216. Est puni d'un emprisonnement de six ans au plus :

1° Celui qui contrefait ou falsifie des timbres émis par l'État, dans le dessein d'en faire usage ou d'en faire faire usage par d'autres personnes comme étant vrais et non falsifiés ;

2° Celui qui, dans un pareil dessein, confectionne de semblables timbres en faisant usage illégalement des vrais poinçons [1].

---

[1] Les timbres dont il est fait mention dans cet article sont ceux de l'impôt du timbre, et ceux de la poste et du télégraphe.

Le Code ne prévoit pas les contrefaçons du sceau de l'État. On a remarqué qu'aucune disposition légale n'exigeait l'emploi de ce sceau.

Art. 217. Est puni d'un emprisonnement de cinq ans au plus :

1° Celui qui appose de fausses marques de l'État ou de faux signes de fabrique exigés par la loi sur des ouvrages d'or ou d'argent, ou en falsifie de vrais, dans le dessein de faire usage de ces ouvrages ou d'en faire faire usage par d'autres personnes, comme si les marques et signes apposés sur ces ouvrages étaient vrais et non falsifiés;

2° Celui qui, dans le même dessein, appose des marques ou des signes sur les ouvrages dont il s'agit, en faisant illégalement usage des vrais poinçons;

3° Celui qui appose, attache ou transporte les vraies marques de l'État ou les vrais signes de fabrique exigés par la loi à ou sur des ouvrages d'or ou d'argent autres que ceux auxquels elles ont été originairement appliquées, dans le dessein de faire usage de ces ouvrages ou d'en faire faire usage par d'autres personnes, comme si les marques ou signes dont il s'agit y avaient été placés originairement.

Art. 218. Est puni d'un emprisonnement de trois ans au plus :

1° Celui qui appose de fausses marques de l'État sur des objets soumis à l'étalon ou en falsifie de vraies, dans le dessein de faire usage de ces objets ou d'en faire faire usage par d'autres personnes, comme si les marques apposées sur ces objets étaient vraies et non falsifiées;

2° Celui qui, dans le même dessein, appose des marques sur les objets dont il s'agit, en faisant illégalement usage des vrais poinçons.

Art. 219. Est puni d'un emprisonnement de deux ans au plus :

1° Celui qui appose faussement sur des marchandises ou leur enveloppe des marques autres que celles dont il est parlé aux articles 217 et 218, et devant y être apposées en vertu d'une disposition de la loi, ou en falsifie de vraies, dans le dessein de faire usage de ces marchandises ou d'en faire faire usage par d'autres personnes, comme si les marques apposées sur lesdites marchandises étaient vraies et non falsifiées;

2° Celui qui, dans le même dessein, appose des marques sur les marchandises susdites ou leur enveloppe, en faisant usage illégalement de vrais poinçons;

3° Celui qui emploie de vraies marques pour des marchandises ou leur enveloppe auxquelles ces marques ne sont pas destinées, dans le dessein de faire usage de ces marchandises ou d'en faire faire usage par d'autres personnes, comme si les marques en question étaient destinées auxdites marchandises.

Art. 220. Celui qui, avec intention, emploie, vend, met en vente ou livre, tient en magasin pour vendre, ou introduit dans le royaume en Europe des timbres, signes ou marques faux, falsifiés ou confectionnés illégalement, ou les objets auxquels ils sont attachés illégalement, comme si ces timbres, signes ou marques étaient vrais et non falsifiés, et non confectionnés illégalement, ni attachés illégalement aux objets, est puni des peines portées aux articles 216-219, d'après les mêmes distinctions.

Art. 221. Celui qui ôte la marque de rebut sur des objets soumis à l'étalon, dans le dessein de faire usage de ces objets ou d'en faire faire usage par d'autres personnes comme s'ils n'étaient pas rebutés, est puni d'un emprisonnement d'un an au plus.

Est puni de la même peine celui qui, avec intention, fait usage de ces objets, les vend, les met en vente, les livre ou les tient en magasin pour vendre, comme s'ils n'étaient pas rebutés.

Art. 222. Celui qui ôte sur des timbres émis par l'État, et après qu'ils ont déjà servi, la marque destinée à les rendre impropres à servir encore, dans le dessein de faire usage de ces timbres ou d'en faire faire usage par d'autres personnes, comme s'ils n'avaient pas encore servi, est puni d'un emprisonnement de trois ans au plus ou d'une amende de trois cents florins au plus.

Est puni de la même peine celui qui, avec intention, fait usage, vend, met en vente, livre, tient en magasin pour vendre, ou introduit dans le royaume en Europe ces timbres démarqués, comme s'ils n'avaient pas encore servi.

Art. 223. Celui qui tient en magasin des matières ou des instruments, sachant qu'ils doivent servir à commettre un des délits spécifiés à l'article 216, est puni d'un emprisonnement de six mois au plus ou d'une amende de trois cents florins au plus.

Les matières et les instruments sont confisqués.

Art. 224. Dans le cas de condamnation pour un des délits spécifiés dans les articles 216-222, la destitution des droits énumérés dans l'article 28, n°s 1-4, peut être prononcée.

TITRE XII.
FAUX EN ÉCRITURE.

Art. 225. Celui qui fabrique ou falsifie une écriture d'où pourra résulter quelque droit, quelque obligation ou la remise de quelque dette, ou qui est destinée à servir de preuve, dans le dessein d'en faire usage ou d'en faire faire usage par d'autres personnes, est, s'il peut résulter quelque dommage de cet usage, puni, comme coupable de faux en écriture, d'un emprisonnement de cinq ans au plus.

Est puni de la même peine celui qui, avec intention, fait usage de l'écriture fabriquée ou falsifiée, comme si elle était vraie et non falsifiée, s'il peut résulter quelque dommage de cet usage.

Art. 226. Le coupable de faux en écriture est puni d'un emprisonnement de sept ans au plus si le faux a été commis :

1° Dans des actes authentiques [1] ;

2° Dans des titres d'obligations ou certificats de la dette d'un État, d'une province, d'une commune ou d'un établissement public;

3° Dans des actions ou obligations, ou certificats d'actions ou d'obligations d'une association, fondation ou société quelconque;

4° Dans les talons, titres de dividende ou de rente appartenant aux pièces mentionnées aux deux numéros précédents, ou dans les titres émis à la place de ces pièces;

5° Dans du papier de crédit ou de commerce destiné à la circulation.

Est puni de la même peine celui qui, avec intention, fait usage d'une des écritures fausses ou falsifiées, mentionnées au premier alinéa, comme si elle était vraie et non falsifiée, s'il peut résulter quelque dommage de cet usage.

Art. 227. Celui qui fait insérer dans un acte authentique une fausse déclaration concernant un fait dont l'acte doit prouver la vérité, dans le dessein de faire usage de cet acte ou d'en faire faire usage par d'autres personnes, comme si la déclaration était conforme à la vérité, est, s'il peut résulter quelque dommage de cet usage, puni d'un emprisonnement de six ans au plus.

Est puni de la même peine celui qui, avec intention, fait usage de l'acte, comme si le contenu était conforme à la vérité, s'il peut résulter quelque dommage de cet usage.

Art. 228. Le médecin qui, avec intention, donne par écrit un faux certificat concernant l'existence ou la non-existence, présente ou passée, de maladies, faiblesses ou infirmités, est puni d'un emprisonnement de trois ans au plus.

_____

[1] L'expression *actes authentiques* s'applique au grand-livre de la dette nationale.

Si le certificat est donné dans le dessein de faire admettre ou retenir quelqu'un dans un hospice d'aliénés, il est infligé un emprisonnement de sept ans et six mois au plus.

Est puni des mêmes peines celui qui, avec intention, fait usage du faux certificat, comme si le contenu était conforme à la vérité.

Art. 229. Celui qui fabrique ou falsifie un certificat concernant l'existence ou la non-existence, présente ou passée, de maladies, faiblesses ou infirmités, dans le dessein de tromper l'autorité publique ou des assureurs, est puni d'un emprisonnement de trois ans au plus.

Est puni de la même peine celui qui, dans le même dessein, fait usage d'un certificat faux ou falsifié, comme s'il était vrai et non falsifié.

Art. 230. Celui qui fabrique ou falsifie un certificat de bonne conduite, de capacité, d'indigence ou autres circonstances, dans le dessein d'en faire usage ou d'en faire faire usage par d'autres personnes, pour acquérir une place ou pour exciter la bienveillance et obtenir des secours, est puni d'un emprisonnement d'un an au plus.

Est puni de la même peine celui qui, avec intention, fait usage d'un des certificats faux ou falsifiés mentionnés au premier alinéa, comme s'il était vrai et non falsifié.

Art. 231. Celui qui fabrique ou falsifie un passeport, une carte de sûreté ou feuille de route, ou qui fait délivrer une pièce de ce genre sous un faux nom ou prénom, ou avec indication d'une fausse qualité, dans le dessein d'en faire usage ou d'en faire faire usage par d'autres personnes, comme si elle était vraie et non falsifiée, ou comme si le contenu était conforme à la vérité, est puni d'un emprisonnement de deux ans au plus.

Est puni de la même peine celui qui, avec intention, fait usage d'une des pièces fausses ou falsifiées mentionnées au premier alinéa, comme si elle était vraie et non falsifiée, ou comme si le contenu était conforme à la vérité.

Art. 232. Celui qui tient en magasin ou introduit dans le royaume en Europe des billets d'une banque néerlandaise de circulation, fondée en vertu de la loi, sachant, au moment où il les a reçus, qu'ils étaient faux ou falsifiés, dans le dessein de les mettre ou faire mettre en circulation comme bons et non falsifiés, est puni d'un emprisonnement de sept ans au plus.

Art. 233. Celui qui, avec intention, remet en circulation des billets d'une banque néerlandaise de circulation, fondée en vertu de la loi, faux ou falsifiés, après avoir appris qu'ils étaient faux ou falsifiés, est puni d'un emprisonnement de trois mois au plus ou d'une amende de trois cents florins au plus.

Art. 234. Celui qui tient en magasin des matières ou des instruments, sachant qu'ils sont destinés à commettre un des délits spécifiés à l'article 226, nos 2-5, sera puni d'un emprisonnement de six mois au plus ou d'une amende de trois cents florins au plus.

Les matières et les instruments sont confisqués.

Art. 235. Dans le cas de condamnation pour un des délits spécifiés dans les articles 225-229 et 232, la destitution des droits énumérés dans l'article 28, nos 1-4, peut être prononcée.

TITRE XIII.

DÉLITS CONTRE L'ÉTAT CIVIL.

Art. 236. Celui qui, par un acte quelconque, avec intention, rend incertaine la filiation d'une autre personne, est puni, comme coupable de suppression d'état, d'un emprisonnement de cinq ans au plus.

La destitution des droits spécifiés à l'article 28, n°s 1-4, peut être prononcée.

Art. 237. Est puni d'un emprisonnement de quatre ans au plus :

1° Celui qui contracte volontairement un mariage double;

2° Celui qui contracte un mariage, sachant que l'autre partie contracte par là un mariage double.

Si celui qui contracte un mariage double a tenu caché pour l'autre partie son mariage double, il est puni d'un emprisonnement de six ans au plus.

La destitution des droits énumérés dans l'article 28, n°s 1-5, peut être prononcée.

Art. 238. Celui qui, n'étant pas marié, contracte un mariage en laissant, avec intention, l'autre partie ignorer l'existence d'un obstacle légal, est puni, si, à cause de cet obstacle, le mariage est déclaré nul, d'un emprisonnement de quatre ans au plus.

TITRE XIV.

DÉLITS CONTRE LES MOEURS.

Art. 239. Est puni d'un emprisonnement de deux ans au plus ou d'une amende de trois cents florins au plus :

1° L'outrage public à la pudeur;

2° L'outrage à la pudeur auquel une autre personne assiste contre sa volonté.

Art. 240. Celui qui répand, expose en public, affiche ou tient en magasin, pour la répandre, quelque image ou feuille volante contraire aux bonnes mœurs, est puni d'un emprisonnement de trois mois au plus ou d'une amende de trois cents florins au plus.

Si le coupable commet le délit dans l'exercice de sa profession, et si, au moment où le délit a été commis, deux ans ne se sont pas encore écoulés depuis qu'il a été condamné en dernier ressort du chef du même délit, il peut être destitué du droit d'exercer cette profession.

Art. 241. Est puni d'un emprisonnement de six mois au plus :

1° La personne mariée qui commet un adultère;

2° Celui qui, n'étant pas marié, commet l'acte, sachant que le complice est marié.

Aucune poursuite n'a lieu que sur la plainte de l'époux outragé.

A l'égard de cette plainte, les articles 64, 65 et 67 ne s'appliquent pas.

La plainte peut être retirée tant que l'examen à l'audience du tribunal n'est pas commencé.

Art. 242. Celui qui, par la violence ou par menaces de violence, force une femme à avoir avec lui un commerce charnel, en dehors du mariage, sera puni, comme coupable de viol, d'un emprisonnement de douze ans au plus.

Art. 243. Celui qui, en dehors du mariage, a un commerce charnel avec une femme, sachant qu'elle est évanouie ou sans connaissance, est puni d'un emprisonnement de huit ans au plus.

5

Art. 244. Celui qui a un commerce charnel avec une fille au-dessous de l'âge de douze ans est puni d'un emprisonnement de douze ans au plus.

Art. 245. Celui qui, en dehors du mariage, a un commerce charnel avec une femme ayant atteint l'âge de douze ans, mais non celui de seize ans, est puni d'un emprisonnement de huit ans au plus.

Excepté les cas de l'article 248, il n'y a de poursuite que sur plainte.

Art. 246. Celui qui, par la violence ou par menaces de violence, force une personne à commettre ou à subir des actes d'immoralité, est puni, comme coupable d'attentat à la pudeur, d'un emprisonnement de huit ans au plus.

Art. 247. Celui qui commet des actes d'immoralité avec une personne, sachant qu'elle est évanouie ou sans connaissance, ou avec une personne au-dessous de l'âge de seize ans, ou excite celle-ci à commettre ou à subir des actes de ce genre, ou à avoir, en dehors du mariage, un commerce charnel avec un tiers, est puni d'un emprisonnement de six ans au plus.

Art. 248. Si un des délits spécifiés aux articles 243 et 245-247 a été suivi de graves lésions corporelles, il est infligé un emprisonnement de douze ans au plus.

Si un des délits spécifiés aux articles 242-247 a été suivi de la mort, il est infligé un emprisonnement de quinze ans au plus.

Art. 249. Est punie d'un emprisonnement de six ans au plus la débauche commise :

1° Par des parents, tuteurs, subrogés tuteurs, ministres du culte ou précepteurs, avec des mineurs confiés à leurs soins ou à leur direction;

2° Par des directeurs ou des surveillants dans des établissements de travail, des ateliers ou des fabriques, avec leurs domestiques ou subordonnés mineurs;

3° Par des fonctionnaires avec des personnes soumises à leur autorité, ou confiées ou recommandées à leur surveillance;

4° Par des directeurs, médecins, précepteurs, employés, surveillants ou domestiques dans des pénitenciers, maisons de correction, maisons d'éducation, orphelinats, hôpitaux, hospices d'aliénés ou institutions de bienfaisance, avec des personnes qui y sont admises.

Les délits spécifiés dans le présent article ne sont pas poursuivis si l'auteur contracte un mariage avec le mineur.

Art. 250. Est puni, comme entremetteur :

1° D'un emprisonnement de quatre ans au plus, le père, la mère, le tuteur ou subrogé tuteur, qui excite ou favorise volontairement la débauche de son enfant mineur, ou du mineur placé sous sa tutelle ou subrogée tutelle, avec un tiers;

2° D'un emprisonnement de trois ans au plus, toute autre personne qui, en vue d'un lucre et avec intention, excite ou favorise la débauche d'un mineur avec un tiers, ou qui fait métier d'exciter ou de favoriser, avec intention, la débauche d'un mineur avec un tiers.

Art. 251. En cas de condamnation pour un des délits spécifiés dans les articles 239 et 241-250, la destitution des droits énumérés dans l'article 28, n°ˢ 1-5, peut être prononcée.

Si le coupable d'un des délits spécifiés dans les deux articles précédents commet le délit dans l'exercice de sa profession, il peut être destitué du droit d'exercer cette profession.

Art. 252. Est puni d'un emprisonnement de neuf mois au plus ou d'une amende de trois cents florins au plus :

1° Celui qui sert une boisson forte à une personne en état évident d'ivresse;

2° Celui qui enivre volontairement un enfant au-dessous de l'âge de seize ans;

3° Celui qui, par la violence ou par menaces de violence, force quelqu'un à faire usage de boissons fortes.

Si le fait est suivi d'une grave lésion corporelle, le coupable est puni d'un emprisonnement de neuf ans au plus.

Si le coupable commet le délit dans l'exercice de sa profession, il peut être destitué du droit d'exercer cette profession.

Art. 253. Celui qui cède ou abandonne à un autre un enfant au-dessous de l'âge de douze ans placé sous son autorité légitime, sachant qu'il sera employé à exercer la mendicité, à faire des tours de force dangereux, ou à faire un travail dangereux ou ruinant la santé, est puni d'un emprisonnement de trois ans au plus.

Art. 254. Celui qui maltraite un animal est puni d'un emprisonnement de trois ans au plus ou d'une amende de cent vingt florins au plus.

Si le délit est commis en public, la peine est augmentée d'un emprisonnement de quatre mois au plus ou d'une amende de cent vingt florins au plus.

Si, au moment où le délit est commis, il ne s'est pas encore écoulé deux ans depuis que le coupable a été condamné en dernier ressort pour le même délit, la peine de l'emprisonnement peut être augmentée d'un tiers.

La tentative de ce délit n'est pas punissable.

TITRE XV.
DÉLAISSEMENT D'INDIVIDUS EN DÉTRESSE.

Art. 255. Celui qui, avec intention, met ou délaisse en état de détresse une personne qu'il doit entretenir, nourrir ou soigner, est puni d'un emprisonnement de deux ans au plus ou d'une amende de trois cents florins au plus.

Art. 256. Celui qui expose un enfant au-dessous de l'âge de sept ans, ou le délaisse dans le dessein de s'en défaire, est puni d'un emprisonnement de quatre ans et six mois au plus.

Art. 257. Si un des actes spécifiés dans les articles 255 et 256 est suivi d'une grave lésion corporelle, le coupable est puni d'un emprisonnement de sept ans et six mois au plus.

Si un de ces actes a été suivi de la mort, le coupable est puni d'un emprisonnement de neuf ans au plus.

Art. 258. Si le coupable du délit mentionné à l'article 256 est le père ou la mère, les peines prescrites aux articles 256 et 257 peuvent, à son égard, être élevées d'un tiers.

Art. 259. Si la mère, sous l'impression de la crainte que son accouchement soit découvert, expose son enfant peu de temps après la naissance, ou le délaisse, dans le dessein de s'en défaire, le maximum des peines portées par les articles 256 et 257 est diminué de moitié.

Art. 260. Dans le cas de condamnation à raison d'un des délits spécifiés dans les articles 255-259, la destitution des droits énumérés dans l'article 28, n° 4, peut être prononcée.

TITRE XVI.

OUTRAGE.

Art. 261. Celui qui, avec intention, porte atteinte à l'honneur ou à la réputation de quelqu'un, en lui imputant un fait précis, avec l'intention évidente d'y donner de la publicité, est puni, comme coupable de diffamation, d'un emprisonnement de six mois au plus ou d'une amende de trois cents florins au plus.

Si cet acte est commis au moyen d'écrits ou d'images répandus, exposés en public ou affichés, l'auteur est puni, comme coupable d'écrits diffamatoires, d'un emprisonnement d'un an au plus ou d'une amende de trois cents florins au plus.

Il n'y a ni diffamation ni écrit diffamatoire quand l'auteur a agi évidemment dans l'intérêt public ou pour sa défense nécessaire.

Art. 262. Celui qui commet le délit de diffamation ou d'écrits diffamatoires, dans le cas où la preuve de la vérité du fait imputé est admise, s'il ne fournit pas cette preuve et si l'imputation a eu lieu avec la connaissance qu'elle n'était pas vraie, est puni, comme coupable de calomnie, d'un emprisonnement de trois ans au plus.

La destitution de l'exercice des droits mentionnés à l'article 28, n°ˢ 1-3, peut être prononcée.

Art. 263. La preuve de la vérité du fait imputé n'est admise que dans les cas suivants:

1° Si le juge estime que la recherche de la vérité est nécessaire pour apprécier l'assertion du prévenu, qui prétend avoir agi dans l'intérêt général ou pour sa défense nécessaire;

2° Si l'on impute à un fonctionnaire un fait commis dans l'exercice de ses fonctions.

ART. 264. La preuve mentionnée dans l'article 263 n'est pas admise, si le fait imputé ne peut être poursuivi que sur plainte et qu'il n'y ait pas de plainte.

ART. 265. Si l'outragé a été, par une décision judiciaire en dernier ressort, déclaré coupable du fait imputé, il ne peut y avoir condamnation pour calomnie.

Si, par une décision judiciaire en dernier ressort, l'outragé a été acquitté du fait imputé, cette décision est considérée comme faisant preuve complète de la fausseté du fait.

Si une poursuite est ouverte contre l'outragé à raison du fait qui lui est imputé, la poursuite pour calomnie sera suspendue jusqu'à ce qu'il ait été rendu une décision en dernier ressort sur le fait imputé.

ART. 266. Tout outrage intentionnel n'ayant pas le caractère de diffamation ou d'écrit diffamatoire, fait à une personne, soit en public, de vive voix ou par écrit, soit en présence de cette personne, de vive voix ou par voies de fait, soit par un écrit envoyé ou présenté, est puni, comme outrage simple, d'un emprisonnement de trois mois au plus ou d'une amende de trois cents florins au plus.

ART. 267. Les peines portées par les articles précédents du présent titre peuvent être élevées d'un tiers, si l'outrage est fait à un fonctionnaire pendant l'exercice légitime de ses fonctions ou relativement à cet exercice.

ART. 268. Celui qui, avec intention, porte ou fait porter par écrit contre une personne déterminée une fausse plainte ou dénonciation, par laquelle il est porté atteinte à l'honneur ou la réputation de cette personne, est puni, comme coupable de dénonciation calomnieuse, d'un emprisonnement de trois ans au plus.

La destitution des droits spécifiés dans l'article 28, n°s 1-3, peut être prononcée.

ART. 269. Sauf dans le cas de l'article 267, l'outragé punissable en vertu du présent titre ne sera poursuivi que sur la plainte de celui au préjudice duquel le délit a été commis.

ART. 270. Celui qui, à l'égard d'une personne décédée, commet une action qui, si cette personne était en vie, serait qualifiée d'écrit diffamatoire ou de diffamation, est puni d'un emprisonnement de trois mois au plus ou d'une amende de trois cents florins au plus.

Ce délit n'est poursuivi que sur la plainte soit d'un des parents ou alliés de la personne décédée, en ligne directe ou collatérale jusqu'au deuxième degré, soit de son conjoint.

ART. 271. Celui qui répand, expose en public ou affiche un écrit ou une image dont le contenu est outrageant ou diffamatoire pour une personne décédée, dans le dessein de donner de la publicité au contenu outrageant ou diffamatoire, ou d'en augmenter la publicité, est puni d'un emprisonnement d'un mois au plus ou d'une amende de trois cents florins au plus.

Si le coupable commet le délit dans l'exercice de sa profession, et si, au moment où le délit est commis, deux ans ne se sont pas encore écoulés depuis que le coupable a été condamné en dernier ressort à raison du même délit, il pourra être destitué du droit d'exercer cette profession.

Ce délit n'est poursuivi que sur la plainte des personnes indiquées dans l'article 269 et le second alinéa de l'article 270.

TITRE XVII.

VIOLATION DE SECRETS.

Art. 272. Celui qui révèle, avec intention, un secret qu'il était tenu de garder, à raison des fonctions ou de la profession qu'il exerce actuellement ou qu'il a exercées, est puni d'un emprisonnement de six mois au plus ou d'une amende de six cents florins au plus.

Si ce délit a été commis au préjudice d'une personne déterminée, il n'est poursuivi que sur la plainte de celle-ci.

Art. 273. Celui qui révèle, avec intention, des particularités concernant une entreprise de commerce ou d'industrie dans laquelle il est ou a été employé, et qu'il devait tenir secrètes, est puni d'un emprisonnement de six mois au plus ou d'une amende de six cents florins au plus.

Il n'y a de poursuite que sur la plainte de la direction de l'entreprise.

TITRE XVIII.

DÉLITS CONTRE LA LIBERTÉ PERSONNELLE.

Art. 274. Celui qui fait le commerce d'esclaves pour son propre compte ou pour celui d'un autre, ou y participe directement ou indirectement, avec intention, est puni d'un emprisonnement de douze ans au plus [1].

Art. 275. Celui qui prend du service comme capitaine ou fait ce

_____

[1] Cf. les traités publiés dans le *Bulletin des lois* en vertu de l'arrêté royal du 14 novembre 1848.

service à bord d'un navire, sachant qu'il est destiné à faire le commerce d'esclaves, ou l'employant pour cet objet, est puni d'un emprisonnement de douze ans au plus.

Si le transport a été suivi de la mort d'un ou de plusieurs esclaves, le capitaine est puni d'un emprisonnement de quinze ans au plus.

Art. 276. Celui qui prend du service comme matelot sur un navire, sachant qu'il est destiné ou employé à faire le commerce d'esclaves, ou y reste en service volontaire après avoir eu connaissance de cette destination ou de cet emploi, est puni d'un emprisonnement de neuf ans au plus.

Art. 277. Celui qui contribue directement ou indirectement, pour son propre compte ou pour celui d'un autre, à louer, fréter ou assurer un navire, sachant qu'il est destiné à faire le commerce d'esclaves, est puni d'un emprisonnement de huit ans au plus.

Art. 278. Celui qui conduit une personne au delà des frontières du royaume en Europe, dans le dessein de la soumettre illégalement au pouvoir d'un autre ou de la mettre en état de détresse, est puni, comme coupable de rapt, d'un emprisonnement de douze ans au plus.

Art. 279. Celui qui, avec intention, soustrait un mineur à l'autorité à laquelle il est soumis légalement, ou à la surveillance de celui qui l'exerce de droit, est puni d'un emprisonnement de six ans au plus.

Il est infligé un emprisonnement de neuf ans au plus si l'on a usé de ruse, de violence ou de menaces, ou si le mineur est au-dessous de l'âge de douze ans.

Art. 280. Celui qui, avec intention, cache ou soustrait aux recherches des agents de la justice ou de la police un mineur qui a été soustrait, ou s'est soustrait lui-même à l'autorité à laquelle il est soumis légalement, ou à la surveillance de celui qui l'exerce de droit, est puni d'un emprisonnement de trois ans au plus, ou, si le mineur est au-dessous de l'âge de douze ans, d'un emprisonnement de six ans au plus.

Art. 281. Est puni, comme coupable d'enlèvement :

1° D'un emprisonnement de six ans au plus, celui qui enlève une femme mineure contre la volonté de ses parents ou tuteurs, mais du consentement de celle-ci, dans le dessein de s'en assurer la possession soit en mariage, soit hors mariage.

Il n'y a de poursuite que sur plainte;

2° D'un emprisonnement de neuf ans au plus, celui qui enlève une femme par ruse, violence ou menaces, dans le dessein de s'en assurer la possession soit en mariage, soit hors mariage.

La plainte peut être portée :

a. Si la femme est mineure au moment de l'enlèvement, soit par elle-même, soit par une des personnes du consentement desquelles elle a besoin pour contracter mariage;

b. Si elle est majeure au moment de l'enlèvement, soit par elle-même, soit par son mari.

Si le ravisseur a épousé la personne enlevée, aucune condamnation n'a lieu qu'après que la nullité du mariage a été prononcée.

Art. 282. Celui qui, avec intention, prive illégalement une personne de la liberté, ou la tient privée de la liberté, est puni d'un emprisonnement de sept ans et six mois au plus.

Si le fait est suivi d'une grave lésion corporelle, le coupable est puni d'un emprisonnement de neuf ans au plus.

Si le fait est suivi de la mort, le coupable est puni d'un emprisonnement de douze ans au plus.

Les peines portées par le présent article s'appliquent aussi à celui qui, avec intention, a procuré un emplacement pour la privation illégale de la liberté.

ART. 283. Celui par la faute duquel une personne est ou reste privée illégalement de la liberté est puni d'une détention de trois mois au plus ou d'une amende de trois cents florins au plus.

Si le fait est suivi d'une grave lésion corporelle, le coupable est puni d'une détention de neuf mois au plus.

Si le fait est suivi de la mort, le coupable est puni d'une détention d'un an au plus.

ART. 284. Est puni d'un emprisonnement de neuf mois au plus ou d'une amende de trois cents florins au plus :

1° Celui qui, par violence ou menaces de violence, force un autre à faire, à ne pas faire ou à souffrir quelque chose;

2° Celui qui, en menaçant quelqu'un de diffamation ou d'écrits diffamatoires, le force à faire, à ne pas faire ou à souffrir quelque chose.

Dans le cas spécifié au n° 2, il n'y a de poursuite que sur la plainte de la personne au préjudice de laquelle le délit a été commis.

ART. 285. La menace de violence publique, à forces réunies, contre les personnes ou les propriétés, d'un délit mettant en danger la sûreté générale des personnes ou des propriétés, de viol, d'attentat à la pudeur, d'un délit contre la vie, de sévices graves ou d'incendie, est punie d'un emprisonnement de deux ans au plus.

Si cette menace est faite par écrit et sous une condition déterminée, elle est punie d'un emprisonnement de quatre ans au plus.

Art. 286. Dans le cas de condamnation à raison d'un des délits spécifiés dans les articles 274-280 et au second alinéa de l'article 285, la destitution des droits énumérés dans l'article 28, n°s 1-4, peut être prononcée.

TITRE XIX.

DÉLITS DIRIGÉS CONTRE LA VIE.

Art. 287. Celui qui, avec intention, ôte la vie à un autre, est puni, comme coupable de meurtre, d'un emprisonnement de quinze ans au plus.

Art. 288. Le meurtre suivi, accompagné ou précédé d'un acte punissable, et commis dans le dessein de préparer ou de faciliter l'exécution de cet acte, ou, en cas de surprise en flagrant délit, de s'assurer pour soi-même ou pour d'autres complices soit l'impunité, soit la possession des objets illégalement appréhendés, est puni d'un emprisonnement à perpétuité ou à temps, de vingt ans au plus.

Art. 289. Celui qui, avec intention et préméditation, ôte la vie à un autre, est puni, comme coupable d'assassinat, d'un emprisonnement à perpétuité ou à temps, de vingt ans au plus [1].

Art. 290. La mère qui, sous l'impression de la crainte que son accouchement soit découvert, ôte avec intention la vie à son enfant, au moment de la naissance ou peu de temps après, est punie, comme coupable de meurtre d'enfant, d'un emprisonnement de six ans au plus.

Art. 291. La mère qui, pour exécuter une résolution prise

[1] On remarquera que le Code pénal néerlandais ne définit pas la préméditation, et ne fait pas de l'empoisonnement un crime spécial.

sous l'impression de la crainte que son accouchement prochain soit découvert, ôte avec intention la vie à son enfant, au moment de la naissance ou peu de temps après, est punie, comme coupable d'assassinat commis sur un enfant, d'un emprisonnement de neuf ans au plus.

Art. 292. Les délits spécifiés dans les articles 290 et 291 sont, pour ce qui regarde les complices, considérés comme meurtre ou comme assassinat.

Art. 293. Celui qui ôte la vie à un autre pour satisfaire au désir exprès et sérieux de celui-ci est puni d'un emprisonnement de douze ans au plus.

Art. 294. Celui qui, avec intention, excite un autre au suicide, l'aide à le commettre ou lui en procure les moyens, est puni, si le suicide a lieu, d'un emprisonnement de trois ans au plus.

Art. 295. La femme qui, avec intention, produit ou fait produire par un autre l'avortement ou la mort de son fruit, est punie d'un emprisonnement de trois ans au plus.

Art. 296. Celui qui, avec intention, produit l'avortement ou la mort du fruit d'une femme, sans le consentement de celle-ci, est puni d'un emprisonnement de douze ans au plus.

Si le fait est suivi de la mort de la femme, le coupable est puni d'un emprisonnement de quinze ans au plus.

Art. 297. Celui qui, avec intention, produit l'avortement ou la mort du fruit d'une femme avec le consentement de celle-ci, est puni d'un emprisonnement de quatre ans et six mois au plus.

Si le fait est suivi de la mort de la femme, le coupable est puni d'un emprisonnement de six ans au plus.

Art. 298. Quand un médecin, une sage-femme ou un pharmacien se rend complice du délit spécifié à l'article 295, ou coupable ou complice d'un des délits spécifiés aux articles 296 et 297, les peines portées par ces articles peuvent être élevées d'un tiers, et le coupable peut être destitué du droit d'exercer la profession dans laquelle le délit a été commis.

Art. 299. Dans le cas de condamnation pour meurtre, pour assassinat ou pour un des délits spécifiés dans les articles 293, 296 et 297, la destitution des droits énumérés dans l'article 28, n°s 1-5, peut être prononcée.

TITRE XX.
SÉVICES.

Art. 300. Les sévices sont punis d'un emprisonnement de deux ans au plus ou d'une amende de trois cents florins au plus.

Si le fait est suivi d'une grave lésion corporelle, le coupable est puni d'un emprisonnement de quatre ans au plus.

Si le fait est suivi de la mort, le coupable est puni d'un emprisonnement de six ans au plus.

Le fait de nuire à la santé avec intention est considéré comme sévices.

La tentative de ce délit n'est pas punissable.

Art. 301. Les sévices commis avec préméditation sont punis d'un emprisonnement de trois ans au plus.

Si le fait est suivi d'une grave lésion corporelle, le coupable est puni d'un emprisonnement de six ans au plus.

Si le fait est suivi de la mort, le coupable est puni d'un emprisonnement de neuf ans au plus.

Art. 302. Celui qui, avec intention, fait à un autre une grave lésion corporelle, est puni, comme coupable de sévices graves, d'un emprisonnement de huit ans au plus.

Si le fait est suivi de la mort, le coupable est puni d'un emprisonnement de dix ans au plus.

Art. 303. Les sévices graves commis avec préméditation sont punis d'un emprisonnement de douze ans au plus.

Si le fait est suivi de la mort, le coupable est puni d'un emprisonnement de quinze ans au plus.

Art. 304. Les peines portées par les articles 300-304 peuvent être élevées d'un tiers :

1° A l'égard du coupable qui commet le délit contre sa mère, son père légitime, son conjoint ou son enfant;

2° Si le délit est commis contre un fonctionnaire pendant l'exercice légitime de ses fonctions ou à cause de cet exercice;

3° Si le délit est commis en administrant des substances nuisibles à la vie ou à la santé.

Art. 305. En cas de condamnation à raison d'un des délits spécifiés dans les articles 301 et 303, la destitution de l'exercice des droits mentionnés à l'article 28, n°s 1-4, peut être prononcée.

Art. 306. Ceux qui, avec intention, prennent part à un assaut ou batterie où plusieurs personnes sont engagées, sont punis, sauf la responsabilité de chacun pour les faits particuliers par lui commis :

1° D'un emprisonnement de deux ans au plus, si l'assaut ou la batterie ne sont suivis que d'une grave lésion corporelle;

2° D'un emprisonnement de trois ans au plus, si l'assaut ou la batterie sont suivis de la mort de quelqu'un.

TITRE XXI.

HOMICIDE ET LÉSION CORPORELLE PAR FAUTE.

Art. 307. Celui qui, par sa faute, a occasionné la mort d'un autre, est puni d'un emprisonnement ou d'une détention de neuf mois au plus.

Art. 308. Celui qui, par sa faute, a causé à un autre une grave lésion corporelle, ou une lésion corporelle occasionnant une maladie ou une incapacité temporaire d'exercer son emploi ou ses fonctions, est puni d'un emprisonnement ou d'une détention de six mois au plus.

Art. 309. Si les délits mentionnés au présent titre sont commis dans l'exercice de quelque profession ou emploi, la peine peut être augmentée d'un tiers, la destitution du droit d'exercer la profession où le délit a été commis peut être prononcée, et le juge peut ordonner la publication de la décision.

TITRE XXII.

VOL ET MARAUDAGE.

Art. 310. Celui qui soustrait une chose appartenant en entier ou en partie à un autre, dans le dessein de se l'approprier illégalement, est puni, comme coupable de vol, d'un emprisonnement de quatre ans au plus ou d'une amende de soixante florins au plus.

Art. 311. Est puni d'un emprisonnement de six ans au plus :
1° Le vol de bestiaux dans les champs;
2° Le vol commis à l'occasion d'un incendie, d'une explosion, d'une inondation, d'un naufrage, d'un échouement, d'un accident

6

de chemin de fer, d'une révolte, d'une émeute ou de troubles de
guerre;

3° Le vol commis, pendant le temps destiné au repos de la
nuit, dans une habitation ou dans un enclos contenant une habitation, par quelqu'un qui s'y trouve à l'insu ou contre la volonté
de l'ayant droit;

4° Le vol commis par deux ou plusieurs personnes réunies;

5° Le vol pour lequel le coupable s'est procuré l'accès du lieu
du délit, ou s'est rendu maître de la chose à soustraire au moyen
d'effraction, de rupture ou d'escalade, de fausses clefs, d'un faux
ordre ou d'un faux costume.

Si le vol mentionné au n° 3 est accompagné d'une des circonstances indiquées aux n°ˢ 4 et 5, il sera infligé un emprisonnement de neuf ans au plus.

Art. 312. Est puni d'un emprisonnement de neuf ans au plus
le vol précédé, accompagné ou suivi de violence ou de menaces
de violence contre des personnes, commises dans le dessein de préparer ou de faciliter ce vol, ou, pour le cas de surprise en flagrant
délit, soit de rendre la fuite possible, soit d'assurer la possession
de la chose volée à soi-même ou à d'autres complices du délit.

Il est infligé un emprisonnement de douze ans :

1° Si l'action est commise, soit pendant le temps destiné au repos de la nuit, dans une habitation ou dans un enclos contenant
une habitation, soit sur la voie publique, soit dans un convoi de
chemin de fer pendant qu'il est en mouvement;

2° Si l'acte est commis par deux ou plusieurs personnes réunies;

3° Si le coupable s'est procuré l'accès du lieu du délit au moyen
d'effraction ou d'escalade, de fausses clefs, d'un faux ordre ou
d'un faux costume;

4° Si le fait est suivi d'une grave lésion corporelle.

Il est infligé un emprisonnement de quinze ans au plus si le fait est suivi de la mort.

Art. 313. En cas de condamnation pour vol, la destitution des droits énumérés dans l'article 28, nᵒˢ 1-4, peut être prononcée.

Art. 314. Celui qui, sans violence ou menaces de violence contre des personnes, soustrait de la terre glaise, de la boue, de la tourbe non coupée, du sable, de la terre, du gravier, du gravois, de l'engrais, des gazons, des mottes, de la bruyère, du genêt sauvage, du varech, du roseau, des joncs, de la mousse, du bois coupé ou du bois mort non travaillé et non transporté, des fruits ou des feuilles non cueillis ou tombés, de l'herbe sur pied ou des fruits de la terre sur pied ou laissés après la récolte, appartenant en tout ou en partie à un autre, dans le dessein de s'approprier ces choses illégalement, sera puni, comme coupable de maraudage, d'un emprisonnement d'un mois au plus ou d'une amende de soixante florins au plus.

Si, au moment où le délit est commis, il ne s'est pas encore écoulé deux ans depuis que le coupable a été condamné en dernier ressort pour le même délit, le coupable est puni d'un emprisonnement de deux mois au plus.

Art. 315. Est puni d'un emprisonnement de trois ans au plus :

1° Le maraudage commis à l'aide de navires, de chariots, de bêtes de trait ou de somme;

2° Le maraudage commis avec une ou plusieurs des circonstances mentionnées dans l'article 311, nᵒˢ 2-5.

La destitution des droits énumérés dans l'article 25, nᵒˢ 1-4, peut être prononcée.

Art. 316. Si l'auteur ou le complice d'un des délits spécifiés

6.

dans ce titre est le conjoint non séparé de corps ou de biens de celui au préjudice duquel le délit est commis, il n'y a pas de poursuite contre l'auteur ou le complice.

S'il est son conjoint séparé de corps ou de biens, ou son parent ou allié, soit en ligne directe, soit au deuxième degré de la ligne collatérale, il n'y a de poursuite à son égard que sur la plainte de celui au préjudice duquel le délit a été commis.

TITRE XXIII.

EXTORSION ET CHANTAGE.

ART. 317. Celui qui, dans le dessein de procurer à soi-même ou à un tiers un profit illégal, force quelqu'un par violence ou menaces de violence, soit à la remise d'une chose appartenant en tout ou en partie à celui-ci ou à un tiers, soit à contracter une obligation ou à éteindre une créance, est puni, comme coupable d'extorsion, d'un emprisonnement de neuf ans au plus.

Les dispositions du deuxième et du troisième alinéa de l'article 312 s'appliquent à ce délit.

ART. 318. Celui qui, dans le dessein de procurer à soi-même ou à un tiers un profit illégal, force quelqu'un par la menace de diffamation, d'écrits diffamatoires ou de révélation d'un secret, soit à la remise d'une chose appartenant en tout ou en partie à celui-ci ou à un tiers, soit à contracter une obligation, soit à éteindre une créance, est puni, comme coupable de chantage, d'un emprisonnement de trois ans au plus.

Ce délit n'est poursuivi que sur la plainte de celui au préjudice duquel il a été commis.

ART. 319. La disposition de l'article 316 s'applique aux délits mentionnés dans le présent titre.

Art. 320. En cas de condamnation pour un des délits spécifiés dans le présent titre, la destitution des droits énumérés dans l'article 28, n°s 1-4, peut être prononcée.

TITRE XXIV.

DÉTOURNEMENT.

Art. 321. Celui qui s'approprie illégalement une chose appartenant en tout ou en partie à un autre, ou dont il est détenteur autrement que par suite d'un délit, est puni, comme coupable de détournement, d'un emprisonnement de trois ans au plus ou d'une amende de soixante florins au plus.

Art. 322. Le détournement commis par celui qui est détenteur de la chose à raison de son service personnel ou de sa profession, ou contre un salaire en argent, est puni d'un emprisonnement de quatre ans au plus.

Art. 323. Le détournement commis par celui auquel la chose a été confiée à titre de dépôt nécessaire, ou par des tuteurs, curateurs, administrateurs, exécuteurs testamentaires ou directeurs d'institutions de bienfaisance ou de fondations, au sujet d'une chose qu'ils détiennent en ladite qualité, est puni d'un emprisonnement de cinq ans au plus.

Art. 324. La disposition de l'article 316 s'applique aux délits spécifiés dans le présent titre.

Art. 325. En cas de condamnation pour un des délits spécifiés dans le présent titre, le juge peut ordonner la publication de sa décision et prononcer la destitution des droits énumérés dans l'article 28, n°s 1-4.

Si le coupable commet le délit dans sa profession, il peut être destitué du droit d'exercer cette profession.

TITRE XXV.

FRAUDE.

Art. 326. Est puni, comme coupable d'escroquerie, d'un emprisonnement de trois ans au plus celui qui, dans le dessein de se procurer ou de procurer à un tiers un profit illégal, aura déterminé quelqu'un à livrer une chose, ou à contracter une obligation ou à éteindre une créance, soit en prenant un faux nom ou une fausse qualité, soit par des manœuvres frauduleuses, soit par une combinaison de mensonges.

Ar'. 327. Est puni d'un emprisonnement d'un an au plus celui qui, par des manœuvres frauduleuses, induit l'assureur en erreu, sur des circonstances ayant rapport à l'assurance, en sorte que c\t assureur forme un contrat qu'il n'aurait pas formé, ou qu il aurait formé sous d'autres conditions, s'il avait connu le véritab e état des choses.

Art. 328. Est puni d'un emprisonnement de quatre ans au plus celui qui, dans le dessein de se procurer à lui-même ou de procurer à un tiers un profit illégal, au détriment de l'assureur ou du porteur légal d'un contrat à la grosse, met le feu ou amène une explosion dans une chose assurée contre l'incendie, qui fait couler ou échouer, détruit, met hors d'usage ou endommage un navire assuré, ou dont le chargement ou le fret à faire sont assurés, ou sur lequel un prêt à la grosse a été effectué.

Art. 329. Est puni d'un emprisonnement d'un an au plus le vendeur qui trompe l'acheteur :

1° En livrant, avec intention, à l'acheteur d'un objet certain et déterminé, un autre objet à la place;

2° Au moyen de manœuvres frauduleuses concernant la nature, la qualité ou la quantité de l'objet livré.

Art. 330. Est puni d'un emprisonnement de trois ans au plus celui qui vend, met en vente ou débite des aliments, boissons ou médicaments, sachant qu'ils sont falsifiés et cachant cette falsification.

Les aliments, boissons ou médicaments sont falsifiés quand leur valeur ou leur qualité est diminuée par addition de substances étrangères.

Art. 331. Est puni d'un emprisonnement de six ans au plus l'entrepreneur ou le constructeur d'un ouvrage quelconque, ou le vendeur de matériaux de construction qui commet, dans l'exécution de l'ouvrage ou dans la livraison des matériaux, un acte frauduleux pouvant mettre en danger la sûreté des personnes ou des biens, ou le salut de l'État en temps de guerre.

Est puni de la même peine celui qui, étant chargé de surveiller l'ouvrage ou la livraison des matériaux, laisse, avec intention, commettre l'acte frauduleux.

Art. 332. Est puni d'un emprisonnement de six ans au plus celui qui, dans la livraison d'objets nécessaires pour le service de la flotte ou de l'armée, commet un acte frauduleux par suite duquel la sûreté de l'État peut être compromise en temps de guerre.

Est puni de la même peine celui qui, étant chargé de surveiller la livraison desdits objets, laisse, avec intention, commettre l'acte frauduleux.

Art. 333. Est puni d'un emprisonnement de deux ans au plus

celui qui, dans le dessein de se procurer ou de procurer à un tiers un profit illégal, détruit, déplace, éloigne ou met hors d'usage ce qui sert à la détermination des limites des héritages.

ART. 334. Est puni d'un emprisonnement de deux ans au plus celui qui, dans le dessein de se procurer ou de procurer à un tiers un profit illégal, fait hausser ou baisser les prix de denrées, fonds publics ou valeurs, par la propagation d'une nouvelle mensongère.

ART. 335. Est puni d'un emprisonnement de trois ans au plus celui qui, se chargeant du placement de lettres de créance d'un État, province, commune ou établissement public, ou d'actions ou d'obligations d'une association, fondation ou société, engage le public à y souscrire ou à y participer, soit en faisant ou dissimulant, avec intention, des faits ou des circonstances vrais, soit en faisant, avec intention, entrevoir des faits ou des circonstances faux.

ART. 336. Est puni d'un emprisonnement d'un an au plus le commerçant, directeur ou commissaire d'une société anonyme ou d'une association coopérative qui publie, avec intention, un état ou bilan controuvé.

ART. 337. Est puni d'un emprisonnement de trois mois au plus ou d'une amende de six cents florins au plus celui qui, avec intention, vend, met en vente, livre, distribue ou tient en magasin pour vendre ou distribuer des marchandises qui sont pourvues ou dont l'enveloppe est faussement pourvue d'un nom, d'une raison sociale ou d'une marque dont un autre a le droit de se servir, ou sur lesquelles ou sur l'enveloppe desquelles lesdits nom, raison sociale ou marque sont imités, même avec une légère différence.

Il peut être infligé un emprisonnement de six mois au plus si, au moment où le délit est commis, il ne s'est pas encore écoulé cinq ans depuis que le coupable a été condamné en dernier ressort, à raison du même délit.

ART. 338. La disposition de l'article 316 est applicable aux délits mentionnés dans ce titre.

ART. 339. En cas de condamnation pour un des délits mentionnés au présent titre, le juge peut ordonner la publication de sa décision, et le coupable peut être destitué de l'exercice de la profession dans laquelle il a commis le délit.

En cas de condamnation pour un des délits spécifiés dans les articles 326, 328, 331 et 332, la destitution des droits énumérés dans l'article 28, nᵒˢ 1-4, peut être prononcée.

TITRE XXVI.
TORT FAIT À DES CRÉANCIERS OU AYANTS DROIT.

ART. 340. Le commerçant qui est déclaré en état de faillite ou admis à la cession de biens judiciaire est puni, comme coupable de banqueroute simple [1], d'un emprisonnement d'un an au plus :

1° Si ces dépenses ont été excessives;

2° S'il a emprunté des fonds à des conditions onéreuses dans le dessein de retarder sa faillite, sachant qu'elle ne pouvait être prévenue par ce moyen;

3° S'il ne présente pas dans un état intact les livres qu'il a tenus.

ART. 341. Le commerçant qui est déclaré en état de faillite ou admis à la cession de biens judiciaire est puni, comme coupable de banqueroute frauduleuse, d'un emprisonnement de six

---

[1] La banqueroute ne peut exister que quand il y a faillite déclarée par jugement du tribunal civil.

ans au plus, si, en fraude et au préjudice des droits de ses créanciers :

1° Il a supposé ou suppose des charges, ou n'a pas représenté ou ne représente pas des valeurs, ou s'il a détourné ou détourne quelque chose de la masse;

2° S'il a aliéné quelque chose soit gratuitement, soit évidemment au-dessous de la valeur;

3° S'il a donné ou donne un avantage quelconque à un de ses créanciers, à l'occasion de sa faillite, ou à un moment où il savait que la faillite était inévitable;

4° S'il n'a pas satisfait ou s'il ne satisfait pas aux obligations qui lui sont imposées de tenir, de garder et de produire des livres et des papiers.

Art. 342. Est puni d'un emprisonnement d'un an au plus le directeur ou commissaire d'une société anonyme ou d'une association coopérative déclarée en état de faillite :

1° S'il a coopéré ou donné son consentement à des actes contraires aux statuts, et qui ont occasionné en tout ou en grande partie les pertes éprouvées par la société ou par l'association;

2° S'il a coopéré ou donné son consentement à une levée de fonds sous des conditions onéreuses, dans le dessein de retarder la faillite de la société ou de l'association, sachant qu'elle ne pouvait être prévenue par ce moyen;

3° Si, par sa faute, les livres n'ont pas été régulièrement tenus, ou que les livres qui ont été tenus n'aient pas été représentés dans un état intact.

Art. 343. Est puni d'un emprisonnement de six ans au plus le gérant ou commissaire d'une société anonyme ou d'une association coopérative, si, en fraude et au préjudice des droits des créanciers de la société ou de l'association :

1° Il a supposé ou suppose des charges, n'a pas représenté ou ne représente pas des valeurs, ou s'il a détourné ou détourne quelques biens de la masse ;

2° S'il a aliéné quelque chose soit gratuitement, soit évidemment au-dessous de la valeur ;

3° S'il a donné ou donne un avantage quelconque à un des créanciers, à l'occasion de la faillite, ou à un moment où il savait que la faillite était inévitable ;

4° S'il n'a pas satisfait ou ne satisfait pas aux obligations qui lui sont imposées de tenir, de garder et de produire des livres et des papiers.

Art. 344. Est puni d'un emprisonnement de quatre ans et six mois au plus celui qui, en fraude et au préjudice des droits des créanciers :

1° En cas de cession de biens judiciaire d'un commerçant, ou de faillite, ou en prévision de l'une ou de l'autre, aura détourné quelque chose de la masse, si, en ce dernier cas, la faillite ou la cession de biens s'en est suivie ;

2° A la vérification des créances, en cas de cession de biens judiciaire ou de faillite, prétexte une créance qui n'existe pas, ou fait valoir pour un montant plus élevé une créance existante.

Art. 345. Est puni d'un emprisonnement d'un an au plus le créancier qui consent à un concordat judiciaire à la suite d'une convention faite soit avec le débiteur, soit avec un tiers, et par laquelle il a stipulé des avantages particuliers, en cas d'acceptation du concordat.

La même peine est appliquée, dans le même cas, au débiteur ou au directeur ou commissaire d'une société anonyme ou d'une association coopérative, en état de faillite ou de cession de biens judiciaire, qui conclut une convention de ce genre.

Art. 346. Est puni d'un emprisonnement de quatre ans et six mois au plus celui qui a été déclaré en état d'insolvabilité notoire, ou qui, sans être commerçant, a été admis à la cession de biens judiciaire, si, en fraude et au préjudice des droits de ses créanciers, il a simulé ou simule des charges, s'il n'a pas représenté ou ne représente pas des valeurs, s'il a détourné ou détourne quelque bien de la masse, s'il a aliéné quelque chose gratuitement ou évidemment au-dessous de la valeur, ou bien s'il a donné ou donne de quelque manière un avantage à un de ces créanciers.

Art. 347. Est puni d'une amende de dix mille florins au plus le directeur ou commissaire d'une société anonyme ou d'une association coopérative qui, hors le cas de l'article 342, a prêté son concours ou donné son consentement à des actes contraires aux statuts, par suite desquels actes la société ou l'association est mise hors d'état de satisfaire à ses engagements ou dans la nécessité d'être dissoute.

Art. 348. Est puni d'un emprisonnement d'un an et six mois au plus celui qui, avec intention, soustrait soit une chose à lui appartenant, soit, au profit du propriétaire, une chose ne lui appartenant pas, à celui qui a sur la chose un droit de gage, de rétention, d'usufruit ou d'usage.

La disposition de l'article 316 est applicable à ce délit.

Art. 349. En cas de condamnation pour les délits spécifiés dans les articles 341, 343, 344 et 346, le coupable peut être destitué des droits énumérés dans l'article 28, n°s 1-4.

En cas de condamnation pour un des délits spécifiés dans les articles 340-346, la publication du jugement peut être ordonnée.

TITRE XXVII.

DESTRUCTION OU DÉGRADATION DE BIENS.

Art. 350. Est puni d'un emprisonnement de deux ans au plus ou d'une amende de trois cents florins au plus celui qui, avec intention et illégalement, détruit, endommage, met hors d'usage ou fait disparaître une chose appartenant en tout ou en partie à un autre.

La même peine est appliquée à celui qui, avec intention et illégalement, tue, endommage, met hors d'usage ou fait disparaître un animal appartenant en tout ou en partie à un autre.

Art. 351. Est puni d'un emprisonnement de trois ans au plus celui qui, avec intention et illégalement, détruit, dégrade ou met hors d'usage des ouvrages d'un chemin de fer ou d'un télégraphe, des ouvrages servant à retenir ou à faire écouler les eaux des conduits de gaz ou d'eau, ou des égouts, en tant que ces ouvrages, conduits ou égouts servent à l'utilité générale.

Art. 352. Est puni d'un emprisonnement de quatre ans au plus celui qui, avec intention et illégalement, détruit ou met hors d'usage un édifice ou navire appartenant en tout ou en partie à un autre.

Art. 353. La disposition de l'article 316 est applicable aux délits spécifiés dans le présent titre.

Art. 354. Si un des délits spécifiés dans le présent titre est commis par deux ou plusieurs personnes réunies, la peine peut être augmentée d'un tiers.

TITRE XXVIII.

DÉLITS COMMIS DANS L'EXERCICE DE FONCTIONS PUBLIQUES.

ART. 355. Sont punis d'un emprisonnement de trois ans au plus, avec ou sans interdiction du droit mentionné dans l'article 28, n° 3, les chefs de départements ministériels :

1° Qui donnent leur contreseing à des décrets royaux ou à des résolutions royales, sachant qu'ils violent soit la loi fondamentale, soit d'autres lois ou règlements généraux d'administration intérieure de l'État, ou de ses colonies ou possessions dans d'autres parties du monde;

2° Qui mettent à exécution des décrets royaux ou des résolutions royales, sachant qu'ils ne sont pas pourvus du contreseing obligé d'un des chefs des départements ministériels;

3° Qui prennent des résolutions ou donnent des ordres, ou maintiennent des résolutions ou des ordres déjà existants, sachant qu'ils violent soit la loi fondamentale, soit d'autres lois ou règlements généraux d'administration intérieure de l'État, ou de ses colonies ou possessions dans d'autres parties du monde;

4° Qui omettent, avec intention, de donner exécution aux articles de la loi fondamentale ou d'autres lois ou règlements généraux d'administration publique de l'État, ou de ses colonies ou possessions dans d'autres parties du monde, en tant que cette exécution appartient, par la nature de son objet, à leur département ministériel, ou qu'ils en sont expressément chargés [1].

ART. 356. Sont punis d'un emprisonnement de six mois au plus les chefs des départements ministériels qui, par une faute grave de leur part, sont cause que l'exécution mentionnée dans l'article 355, n° 4, n'a pas lieu.

[1] Cf. loi du 22 avril 1855 sur la responsabilité des ministres.

Art. 357. Le commandant de la force armée qui refuse ou omet, avec intention, après en avoir été légalement requis par l'autorité civile compétente [1], de faire agir la force sous ses ordres, est puni d'un emprisonnement de trois ans au plus.

Art. 358. Le fonctionnaire public qui, avec intention, requiert l'assistance de la force publique contre l'exécution de dispositions légales, contre l'exécution d'ordres légaux de l'autorité publique, ou de jugements ou commandements de l'autorité judiciaire, est puni d'un emprisonnement de six ans au plus.

Si, par ce fait, l'exécution est empêchée, le coupable est puni d'un emprisonnement de neuf ans au plus.

Art. 359. Le fonctionnaire ou toute autre personne chargée d'un service public permanent ou temporaire qui, avec intention, détourne des deniers ou des valeurs en papier, qu'il a à sa disposition dans son service, ou qui tolère qu'ils soient soustraits ou détournés par un autre, ou bien qui, comme complice, aide un autre à commettre le même délit, est puni d'un emprisonnement de six ans au plus.

Art. 360. Le fonctionnaire ou toute autre personne chargée d'un service public permanent ou temporaire qui, avec intention, tient faussement ou falsifie les livres ou les registres exclusivement destinés au contrôle de l'administration, est puni d'un emprisonnement de trois ans au plus.

Art. 361. Le fonctionnaire ou toute autre personne chargée d'un service public permanent ou temporaire qui, avec intention, supprime, détruit, dégrade ou met hors d'usage soit des objets

---

[1] L'autorité civile compétente est le bourgmestre. Cf. l'article 185 de la loi communale.

destinés à servir de preuve ou de pièces de conviction devant
l'autorité compétente, soit des actes, documents ou registres qu'il
a à sa disposition dans son service, ou qui tolère qu'ils soient
supprimés, détruits, dégradés ou mis hors d'usage par un autre,
ou qui, comme complice, aide un autre à commettre le même
délit, est puni d'un emprisonnement de trois ans et six mois au
plus.

Art. 362. Le fonctionnaire qui accepte un don ou une promesse, sachant qu'ils lui sont faits pour l'engager à faire ou à ne
pas faire un acte de sa fonction, sans agir en cela contre son devoir, est puni d'un emprisonnement de trois mois au plus ou d'une
amende de trois cents florins au plus.

Art. 363. Est puni d'un emprisonnement de quatre ans au
plus le fonctionnaire :
1° Qui accepte un don ou une promesse, sachant qu'ils lui
sont faits pour l'engager à faire ou à ne pas faire un acte de sa
fonction, contraire à son devoir;
2° Qui accepte un don, sachant qu'il lui est fait comme conséquence ou à raison de ce qu'il a fait ou de ce qu'il n'a pas fait,
contrairement à son devoir, dans l'exercice de sa fonction.

Art. 364. Le juge qui accepte un don ou une promesse, sachant qu'ils lui sont faits pour exercer une influence sur la décision d'une affaire soumise à son examen, est puni d'un emprisonnement de neuf ans au plus.
Si le juge, en acceptant le don ou la promesse, sait qu'ils sont
faits pour obtenir une condamnation dans une affaire criminelle,
il est puni d'un emprisonnement de douze ans au plus.

Art. 365. Le fonctionnaire qui, par abus d'autorité, contraint quelqu'un à faire, à ne pas faire ou à tolérer quelque chose, est puni d'un emprisonnement de deux ans au plus.

Art. 366. Le fonctionnaire qui, dans l'exercice de sa fonction, réclame, reçoit ou retient à l'occasion d'un payement, comme dû à lui-même, à un autre fonctionnaire ou à une caisse publique quelconque, ce qu'il sait n'être pas dû, est puni, comme coupable de concussion, d'un emprisonnement de six ans au plus.

Art. 367. Le fonctionnaire qui, avec intention, étant chargé de la garde d'une personne privée de sa liberté soit par l'autorité publique, soit en vertu d'une décision ou d'une mesure judiciaire, la fait échapper ou la délivre, ou favorise sa délivrance ou son évasion, est puni d'un emprisonnement de trois ans au plus.

Si la fuite, la délivrance ou l'évasion doivent être attribuées à une faute de sa part, il est puni d'un emprisonnement de deux mois au plus ou d'une amende de trois cents florins au plus.

Art. 368. Est puni d'un emprisonnement de trois ans au plus :

1° Le fonctionnaire qui, avec intention, étant chargé de la recherche de faits punissables, ne défère pas à une réclamation tendant à faire constater une privation de liberté illégale, ou qui n'en donne pas immédiatement avis à l'autorité supérieure;

2° Le fonctionnaire qui, après avoir été informé, dans l'exercice de ses fonctions, qu'une personne est privée illégalement de sa liberté, omet, avec intention, d'en donner immédiatement avis au fonctionnaire chargé de la recherche de faits punissables.

Art. 369. Est puni d'un emprisonnement d'un an au plus le chef d'un établissement destiné à la garde de condamnés, de personnes mises en arrestation provisoire ou détenues en vertu de la contrainte par corps, d'un établissement d'éducation de l'État ou

7

d'une maison d'aliénés, qui refuse de satisfaire à la réquisition légale de représenter une personne reçue dans l'établissement, ou de donner communication du registre d'inscription ou de l'acte dont la loi prescrit l'inscription.

ART. 370. Est puni d'un emprisonnement d'un an au plus ou d'une amende de trois cents florins au plus le fonctionnaire qui, outrepassant sa compétence et sans observer les formalités prescrites par la loi, pénètre dans la demeure, l'enclos ou l'héritage appartenant à un autre, contre la volonté de celui-ci, ou qui, s'y trouvant sans droit, ne se retire pas immédiatement, à la réquisition faite par l'ayant droit ou de la part de l'ayant droit.

Est puni de la même peine le fonctionnaire qui, à l'occasion d'une perquisition domiciliaire, en outrepassant sa compétence et sans observer les formalités prescrites par la loi, examine ou saisit des écrits, des livres ou autres documents.

ART. 371. Est puni d'un emprisonnement de deux ans au plus le fonctionnaire qui, outrepassant sa compétence, se fait représenter ou saisit une lettre, une carte postale, une pièce ou un paquet confiés à une institution publique de transport, ou une dépêche télégraphique se trouvant entre les mains soit d'un employé du télégraphe, soit d'autres personnes chargées du service d'un établissement télégraphique destiné au service du public.

ART. 372. Est puni d'un emprisonnement d'un an et six mois au plus le fonctionnaire employé dans une institution publique de transport qui, avec intention et illégalement, ouvre une lettre, une pièce fermée ou un paquet confié à une institution de transport de ce genre, en prend connaissance ou en fait connaître le contenu à un autre [1].

[1] Cet article apporte une sanction à l'article 154 de la loi fondamentale, qui garantit le secret des lettres.

Art. 373. Est puni d'un emprisonnement de quatre ans au plus le fonctionnaire employé dans une institution publique de transport qui, avec intention et illégalement, remet à un autre que le destinataire, détruit ou fait disparaître une lettre, une carte postale, une pièce fermée ou un paquet confié à une institution de transport de ce genre, qui se l'approprie ou en change la teneur, ou qui s'approprie un objet y enfermé.

Si la pièce ou l'objet dont il s'agit a une valeur en argent, le fait d'appropriation est puni d'un emprisonnement de six ans au plus.

Art. 374. L'employé du télégraphe, ou toute autre personne chargée de la surveillance ou du service d'un établissement télégraphique destiné au service public, est puni :

1° D'un emprisonnement d'un an et six mois au plus, si, avec intention et illégalement, il communique à un tiers le contenu d'une dépêche confiée au télégraphe ou à un établissement de cette nature, ou s'il ouvre volontairement et illégalement un télégramme, s'il en prend connaissance ou en fait connaître le contenu à un tiers ;

2° D'un emprisonnement de quatre ans au plus s'il remet, avec intention, à un autre que le destinataire, une dépêche ou un télégramme confié au télégraphe ou à un établissement de cette nature, s'il le détruit ou le fait disparaître, s'il se l'approprie ou s'il en change la teneur.

Art. 375. Le fonctionnaire employé dans une institution publique de transport ou du télégraphe, ou toute autre personne indiquée dans l'article 374, qui, avec intention, permet qu'un autre commette les faits mentionnés aux articles 372-374 ou qui assiste cet autre comme complice, est puni des mêmes peines, selon les distinctions établies dans ces articles.

7.

ART. 376. Est puni d'un emprisonnement de six mois au plus ou d'une amende de douze cents florins au plus le fonctionnaire qui, avec intention, prend part d'une façon directe ou indirecte :

1° Dans des adjudications ou fournitures dont il avait, au moment de l'acte, la direction ou la surveillance en tout ou en partie;

2° A la fourniture de remplaçants ou de substituants militaires, à la visite ou à l'admission desquels il est appelé à concourir à raison de ses fonctions.

ART. 377. Sont punis d'un emprisonnement de six mois au plus ou d'une amende de douze cents florins au plus tout fonctionnaire employé du service de la monnaie, à l'exception du directeur de la monnaie, et tout employé de la garantie des matières d'or et d'argent, qui fait le commerce des métaux précieux ou d'objets fabriqués avec un de ces métaux, ou qui, avec intention, prend part, d'une façon directe ou indirecte, à un commerce de ce genre.

ART. 378. Est puni d'une amende de trois cents florins au plus le fonctionnaire de la garantie des matières d'or et d'argent qui prend des empreintes des objets en or ou en argent présentés dans son bureau, ou les contrefait ou en donne une description à tout autre que celui qui a le droit de la requérir en vertu de ses fonctions.

ART. 379. Est puni d'un emprisonnement de six ans au plus l'officier de l'état civil qui célèbre un mariage, sachant que le conjoint contracte ainsi un double mariage.

L'officier de l'état civil qui célèbre un mariage, sachant qu'il existe un autre empêchement légal quelconque, est puni d'un emprisonnement de deux ans au plus ou d'une amende de trois cents florins au plus.

Art. 380. En cas de condamnation pour un des délits spécifiés dans les articles 359, 363, 364, 366, 373, dernier alinéa, et 379, premier alinéa, la destitution des droits énumérés dans l'article 28, n°s 3-4, peut être prononcée.

TITRE XXIX.

DÉLITS RELATIFS À LA NAVIGATION.

Art. 381. Est puni, comme coupable de piraterie :

1° D'un emprisonnement de douze ans au plus, celui qui prend service ou fait service, comme capitaine, sur un navire, sachant qu'il est destiné à commettre ou s'en servant pour commettre des actes de violence, en pleine mer, contre d'autres navires ou contre des personnes ou des choses qui s'y trouvent, sans y être autorisé par une puissance belligérante ou sans appartenir à la marine de guerre d'une puissance reconnue;

2° D'un emprisonnement de neuf ans au plus, celui qui, ayant connaissance de cette destination ou de cet usage, prend service dans l'équipage d'un navire de ce genre, ou reste attaché au service, de son plein gré, après en avoir eu connaissance.

Est assimilé au défaut d'autorisation le fait d'outrepasser l'autorisation, ainsi que celui d'être muni d'une autorisation provenant de plusieurs puissances belligérantes entre elles.

L'article 81 reste sans application.

Art. 382. Si les actes de violence mentionnés dans l'article 381 sont suivis de la mort d'une personne se trouvant sur le navire attaqué, le capitaine et ceux qui ont pris part aux actes de violence sont punis d'un emprisonnement de quinze ans au plus.

Art. 383. Est puni d'un emprisonnement de douze ans au plus celui qui, pour son propre compte ou pour le compte d'au-

trui, équipe un navire avec la destination spécifiée dans l'article
381.

ART. 384. Est puni d'un emprisonnement de huit ans au plus
celui qui prête son concours direct ou indirect, pour son propre
compte ou pour le compte d'autrui, au louage, à l'affrètement ou
à l'assurance d'un navire, sachant qu'il a la destination spécifiée
dans l'article 381.

ART. 385. Celui qui, avec intention, met au pouvoir de pirates
un bâtiment néerlandais, est puni :

1° S'il en est le capitaine, d'un emprisonnement de douze ans
au plus;

2° Dans tout autre cas, d'un emprisonnement de neuf ans au
plus.

ART. 386. Celui qui, embarqué dans un navire néerlandais,
s'en rend maître illégalement, est puni d'un emprisonnement de
six ans au plus.

ART. 387. Le capitaine qui soustrait un navire néerlandais au
propriétaire et aux armateurs, et s'en sert pour son propre intérêt,
est puni d'un emprisonnement de sept ans et six mois au plus.

ART. 388. Est puni d'un emprisonnement de quatre ans au
plus le Néerlandais qui prend des lettres de marque sans autorisation du gouvernement néerlandais, ou qui prend service ou fait
service comme capitaine sur un navire, sachant qu'il est destiné à
la course, sans autorisation du gouvernement néerlandais.

ART. 389. Est puni d'un emprisonnement de trois ans au plus
le Néerlandais qui s'engage dans l'équipage d'un navire, sachant

qu'il est destiné ou employé à la course, sans avoir une autorisation du gouvernement néerlandais, ou qui reste volontairement au service ayant appris cette destination ou cet usage.

ART. 390. Est puni :

1° D'un emprisonnement de deux ans au plus, le capitaine d'un navire néerlandais qui se soustrait, avec intention et illégalement, à la direction du navire, après que l'enrôlement de l'équipage est commencé et avant la fin de son engagement;

2° D'un emprisonnement d'un mois au plus, le capitaine d'un bâtiment pêcheur néerlandais qui se dérobe à la direction du bâtiment, avec intention et illégalement, pendant la durée du voyage [1].

ART. 391. Celui qui, avec intention et illégalement, ne fait pas le voyage pour lequel il s'est engagé dans l'équipage d'un navire néerlandais, est puni, comme coupable de désertion avant le voyage commencé, d'un emprisonnement de trois mois au plus.

ART. 392. Est puni, comme coupable de désertion pendant le voyage :

1° D'un emprisonnement d'un an au plus, le matelot qui, avec intention et illégalement, ne fait pas jusqu'au bout un voyage pour lequel il s'est engagé dans l'équipage d'un navire néerlandais;

2° D'un emprisonnement d'un mois au plus le marin qui, avec intention et illégalement, ne fait pas jusqu'au bout un voyage pour lequel il s'est engagé dans l'équipage d'un bâtiment pêcheur néerlandais.

ART. 393. Est puni d'un emprisonnement de trois mois au plus, comme coupable de désertion après la fin du voyage, celui

[1] Pour cet article et les suivants, cf. les lois du 7 mai 1856 et du 13 novembre 1879 sur la discipline de la marine marchande.

qui, faisant partie de l'équipage d'un navire néerlandais, se soustrait, avec intention, après la fin du voyage et avant le terme de
son engagement, en s'absentant illégalement, aux travaux ulté-
rieurs de son service.

Art. 394. Les peines portées par les articles 391-393 peuvent
être doublées, si le délit est commis par deux ou plusieurs personnes, conjointement ou par suite de coalition.

Art. 395. Est puni, comme coupable d'insubordination, d'un
emprisonnement de deux ans au plus, celui qui, étant embarqué
dans un navire ou bateau pêcheur néerlandais, commet des voies
de fait envers le capitaine, ou celui qui, faisant partie de l'équipage, commet des voies de fait, à bord ou dans son service, envers un supérieur, qui s'oppose à celui-ci avec violence ou avec
menaces de violence, ou qui le prive, avec intention, de sa liberté
d'action.

Le coupable est puni :

1° D'un emprisonnement de trois ans au plus, si le délit ou les
voies de fait qui l'ont accompagné sont suivis d'une lésion corporelle ;

2° D'un emprisonnement de sept ans et six mois au plus, s'ils
sont suivis d'une lésion corporelle grave ;

3° D'un emprisonnement de douze ans au plus, s'il sont suivis
de la mort.

Art. 396. L'insubordination commise par deux ou plusieurs
personnes réunies est punie, comme révolte, d'un emprisonnement
de six ans au plus.

Le coupable est puni :

1° D'un emprisonnement de sept ans et six mois au plus, si le délit par lui commis ou les voies de fait qui l'ont accompagné sont suivis d'une lésion corporelle;

2° D'un emprisonnement de douze ans au plus, s'ils sont suivis d'une lésion corporelle grave;

3° D'un emprisonnement de quinze ans au plus, s'ils sont suivis de la mort.

Art. 397. Est puni d'un emprisonnement de cinq ans au plus celui qui, étant à bord d'un navire ou d'un bateau pêcheur néerlandais, provoque à la révolte sur le navire ou le bateau.

Art. 398. Est puni d'un emprisonnement de deux ans au plus le refus de service fait par deux ou plusieurs personnes faisant partie de l'équipage d'un navire ou bateau pêcheur néerlandais, conjointement ou par suite de coalition.

Art. 399. Est puni :

1° D'un emprisonnement de six mois au plus, celui qui, faisant partie de l'équipage d'un navire néerlandais, persévère dans son refus de service après avoir été puni disciplinairement pour refus de service;

2° D'un emprisonnement d'un mois au plus ou d'une amende de soixante florins au plus, celui qui, faisant partie de l'équipage d'un bâtiment pêcheur néerlandais, se rend coupable de refus de service pendant le voyage.

Art. 400. Est puni d'un emprisonnement de six mois au plus ou d'une amende de trois cents florins au plus celui qui, étant embarqué dans un navire ou bâtiment pêcheur néerlandais :

1° Désobéit avec intention à un ordre donné par le capitaine pour rétablir l'ordre à bord;

2° Celui qui, sachant que le capitaine est privé de sa liberté d'action, ne lui vient pas en aide dans la mesure de ses moyens;

3° Celui qui, ayant connaissance d'un projet formé pour commettre le délit d'insubordination, s'abstient, avec intention, d'en informer le capitaine en temps utile.

La disposition mentionnée au n° 3 n'est pas applicable au cas où l'insubordination n'a pas eu lieu.

Art. 401. Les peines portées par les articles 386, 389, 391-393, 395-400 peuvent être augmentées d'un tiers, si le coupable d'un des délits y spécifiés est un officier de l'équipage.

Art. 402. Est puni d'un emprisonnement de six ans au plus le capitaine d'un navire néerlandais qui, dans le dessein de se procurer ou de procurer à un autre, illégalement, un profit quelconque, ou de dissimuler ce profit, vend le navire, contracte un emprunt à la grosse sur le navire, les apparaux ou les provisions du navire, vend ou met en gage des choses faisant partie du chargement ou des provisions du navire, porte en compte des avaries ou dépenses fictives, ne tient pas, selon les dispositions de la loi, le livre journal prescrit, ou, en abandonnant le navire, ne prend pas soin de sauver les papiers de bord [1].

Art. 403. Le capitaine d'un navire néerlandais qui, dans le dessein de se procurer ou de procurer à un autre un profit illicite, ou de dissimuler un profit de ce genre, change de route, est puni d'un emprisonnement de trois ans au plus.

Art. 404. Le capitaine d'un navire néerlandais qui, hors le cas de nécessité ou contrairement à quelque disposition de la loi,

---

[1] Cet article donne une sanction pénale aux prohibitions contenues dans les articles 362, 375, 376 et 639 du Code de commerce.

quitte le navire pendant le voyage, ou donne aux gens de l'équipage ordre ou permission de quitter le navire, est puni d'un emprisonnement de quatre ans et six mois au plus.

Art. 405. Le capitaine d'un bâtiment néerlandais qui, hors le cas de nécessité et sans avis préalablement donné au propriétaire et aux armateurs, commet ou permet certains actes, sachant qu'ils peuvent exposer le bâtiment ou le chargement à être pris, arrêté ou retenu, est puni d'un emprisonnement d'un an au plus ou d'une amende de six cents florins au plus.

Celui qui, étant embarqué, commet les mêmes actes, hors le cas de nécessité et sans avoir prévenu le capitaine avec la même connaissance des suites possibles, est puni d'un emprisonnement de neuf mois au plus ou d'une amende de six cents florins au plus.

Art. 406. Le capitaine d'un navire néerlandais qui, avec intention, ne fournit pas à un embarqué ce qu'il est obligé de lui fournir, est puni d'un emprisonnement de deux ans au plus ou d'une amende de trois cents florins au plus.

Art. 407. Le capitaine d'un navire néerlandais qui, avec intention, hors le cas de nécessité ou contrairement à quelque disposition légale, jette des objets à la mer, est puni d'un emprisonnement de deux ans au plus ou d'une amende de trois cents florins au plus.

Art. 408. Celui qui, avec intention et illégalement, détruit, endommage ou met hors d'usage le chargement, les provisions ou les apparaux nécessaires se trouvant à bord d'un bâtiment, est puni d'un emprisonnement de deux ans au plus.

Art. 409. Le capitaine qui déploie le pavillon néerlandais,

sachant qu'il n'en a pas le droit, est puni d'un emprisonnement
d'un an au plus ou d'une amende de trois cents florins au plus [1].

ART. 410. Le capitaine qui, avec intention, donne à son bâtiment, en prenant un signe distinctif quelconque, l'apparence d'un
bâtiment de guerre néerlandais ou d'un bâtiment du service de
pilotage dans les eaux ou estuaires néerlandais, est puni d'un
emprisonnement de trois mois au plus ou d'une amende de trois
cents florins au plus.

ART. 411. Est puni d'un emprisonnement de six mois au plus
ou d'une amende de six cents florins au plus celui qui, hors le
cas de nécessité, remplit sur un navire néerlandais les fonctions
de capitaine, de timonier ou de machiniste, sachant qu'il en a
perdu le droit en vertu d'une disposition de la loi.

ART. 412. Le capitaine d'un navire néerlandais qui, sans motif
valable, refuse de satisfaire à une réquisition légale de prendre à
son bord un prévenu ou un condamné avec les pièces relatives à
son procès, est puni d'un emprisonnement de trois ans au plus ou
d'une amende de trois cents florins au plus [2].

ART. 413. Le capitaine d'un navire néerlandais qui, avec intention, laisse échapper ou met en liberté un prévenu ou un condamné qu'il a reçu à son bord sur une réquisition légale, ou qui
contribue à la délivrance ou à l'évasion dudit prévenu ou condamné, est puni d'un emprisonnement de trois ans au plus.
Si la fuite, la délivrance ou l'évasion doivent être attribuées à

---

[1] Le droit d'arborer le pavillon
néerlandais appartient seulement au
capitaine pourvu de lettres de mer
non périmées, ou d'un permis en
règle. (Loi du 20 mai 1869, art. 19.)

[2] Cf. l'article 25 de la loi du 25 juil-
let 1871 sur la compétence et la juridiction des consuls.

sa faute, il est puni d'une détention de deux mois au plus ou d'une amende de trois cents florins au plus.

Art. 414. Le capitaine d'un bâtiment néerlandais qui ne prête pas à des bâtiments, capitaines ou embarqués, sachant qu'ils se trouvent en détresse, l'assistance qu'il est en son pouvoir de donner sans exposer son navire, ses embarqués ou lui-même à se perdre, est puni d'un emprisonnement de trois ans au plus, si le cas de détresse provient de collision ou d'abordage avec le bâtiment qu'il est chargé de conduire.

Art. 415. En cas de condamnation pour un des délits spécifiés dans les articles 381-387, 402 et 403, la destitution des droits énumérés dans l'article 28, n°s 1-4, peut être prononcée.

TITRE XXX.

PARTICIPATION AU DÉLIT D'UN AUTRE.

Art. 416. Celui qui, avec intention, achète, prend en échange ou en gage, accepte en présent ou cache, en vue d'un profit à faire, un objet quelconque acquis par suite d'un délit, est puni, comme coupable de recel, d'un emprisonnement de trois ans au plus.

La même peine est appliquée à celui qui, avec intention, retire un profit de ce qui provient d'un objet acquis par suite d'un délit.

Art. 417. Est puni d'un emprisonnement de six ans au plus celui qui, habituellement, achète, prend en échange ou en gage ou cache des objets acquis par suite de délit.

Le coupable peut être destitué des droits énumérés à l'article 28, n°s 1-4, et déclaré incapable d'exercer la profession dans laquelle il a commis le délit.

ART. 418. Est puni d'un emprisonnement ou d'une détention d'un an au plus ou d'une amende de trois cents florins au plus l'éditeur d'un écrit ou d'une image quelconque d'un caractère punissable :

1° Si l'auteur est inconnu et s'il n'a pas été nommé à la première réquisition après l'ouverture de la poursuite;

2° Si l'éditeur savait ou devait prévoir que l'auteur ne pourrait être poursuivi en justice à l'époque de la publication, ou qu'il serait établi hors des limites du royaume en Europe.

ART. 419. Est puni d'un emprisonnement ou d'une détention d'un an au plus ou d'une amende de trois cents florins au plus celui qui imprime un écrit ou une image quelconque d'un caractère punissable :

1° Si la personne qui l'a chargé de l'impression de la pièce est inconnue, ou si elle n'a pas été nommée à la première réquisition après l'ouverture de la poursuite;

2° Si l'imprimeur savait ou devait prévoir que la personne qui l'a chargé de l'impression de la pièce ne pourrait être poursuivie en justice à l'époque de la publication, ou qu'elle serait établie hors des limites du royaume en Europe.

ART. 420. L'éditeur ou l'imprimeur ne peuvent être poursuivis, dans les cas des deux articles précédents, que sur la plainte de celui au préjudice de qui le délit a été commis, si, à raison de la nature de l'écrit ou de l'image, le délit ne peut être poursuivi que sur plainte.

TITRE XXXI.

DISPOSITIONS RELATIVES À LA RÉCIDIVE DE DÉLITS, COMMUNES AUX DIFFÉRENTS TITRES.

Art. 421. La peine d'emprisonnement portée par les articles
105, 174, 208-212, 216-222, 225-229, 232, 310-312,
315, 317, 318, 321-323, 326-332, 341, 343, 344, 346,
359, 361, 366, 373, dernier alinéa, 402, 416 et 417, peut être
augmentée d'un tiers si, au moment du délit, il ne s'est pas encore
écoulé cinq ans depuis que le coupable a subi un emprisonnement
pour un des délits énoncés dans ces articles, ou depuis qu'il a subi,
en tout ou en partie, une peine prononcée contre lui en vertu des
lois militaires, pour cause de vol, détournement ou fraude, ou
depuis que cette peine lui a été entièrement remise, ou si, au moment du délit, le droit d'exécuter la peine n'est pas encore éteint
par la prescription.

Art. 422. La peine d'emprisonnement portée par les articles
108, premier alinéa, 109, 110, 115, premier alinéa, 116, 141,
181, 182, 287, 290, 291, 293, 296, 297, 300-303, 381,
382, 395 et 396, ainsi que la peine d'emprisonnement temporaire infligée en vertu des articles 92, 108, second alinéa,
115, second alinéa, 288 et 289, pourra être augmentée d'un tiers
si, au moment du délit, il ne s'est pas encore écoulé cinq ans depuis que le coupable a subi une peine d'emprisonnement, en tout
ou en partie, pour un des délits énoncés dans ces articles, ou depuis qu'il a subi, en tout ou en partie, une peine prononcée contre
lui en vertu des lois militaires, pour cause de résistance violente
ou de voies de fait envers ses supérieurs ou des sentinelles, ou de
violences contre les personnes, ou depuis que cette peine lui a été

remise entièrement, ou si, au moment du délit, le droit d'exécuter la peine n'est pas encore éteint par la prescription.

ART. 423. Les peines portées par les articles 111-113, 117-119, 261-271, 418 et 419 peuvent être augmentées d'un tiers si, au moment du délit, il ne s'est pas encore écoulé cinq ans depuis que le coupable a subi, en tout ou en partie, une peine d'emprisonnement prononcée contre lui pour un des délits spécifiés dans un de ces articles, ou depuis que cette peine lui a été remise entièrement, ou si, au moment du délit, le droit d'exécuter la peine n'est pas encore éteint par la prescription.

LIVRE TROISIÈME.

CONTRAVENTIONS.

———

TITRE PREMIER.

CONTRAVENTIONS RELATIVES À LA SÛRETÉ GÉNÉRALE DES PERSONNES ET DES BIENS.

Art. 424. Est puni d'une amende de quinze florins au plus, comme coupable de trouble dans la rue, celui qui, sur la voie publique ou à portée de la voie publique, ou dans un lieu ouvert au public, aura commis contre des personnes ou des biens une méchanceté dont il peut résulter un danger ou un préjudice.

Si, au moment où la contravention est commise, il ne s'est pas encore écoulé un an depuis que le coupable a été condamné en dernier ressort pour la même contravention, il peut être infligé, à la place de l'amende, une détention de trois semaines au plus.

Art. 425. Est puni d'une détention de six jours au plus ou d'une amende de vingt-cinq florins au plus :

1° Celui qui excite ou lâche un animal contre une personne ou qui ne retient pas un animal confié à sa garde quand cet animal attaque quelqu'un ;

2° Celui qui omet de prendre les précautions nécessaires pour empêcher de nuire un animal dangereux confié à sa garde.

Art. 426. Est puni d'une détention de six jours au plus ou d'une amende de vingt-cinq florins au plus celui qui, se trouvant

8

en état d'ivresse, entrave ouvertement la circulation ou trouble l'ordre, menace la sûreté d'autrui ou commet un acte quelconque exigeant une prudence ou des précautions particulières pour ne pas mettre en danger la vie ou la santé d'autres personnes.

Si, au moment où la contravention est commise, il ne s'est pas encore écoulé un an depuis que le coupable a été condamné en dernier ressort pour la même contravention ou pour la contravention mentionnée à l'article 453, il est puni d'une détention de deux semaines au plus.

Art. 427. Est puni d'une amende de vingt-cinq florins au plus :

1° Le propriétaire ou usager qui omet de prendre les mesures de précaution nécessaires pour la sûreté des passants à l'égard des abords ou ouvertures de caves, caveaux, locaux et emplacements souterrains, à l'endroit où ils s'ouvrent sur la voie publique;

2° Celui qui néglige d'éclairer suffisamment et de pourvoir des signaux d'usage une fouille ou un amas fait sur une voie publique, ou un objet placé par lui ou par son ordre sur la voie publique;

3° Celui qui, à l'occasion d'un travail sur la voie publique ou à portée de la voie publique, néglige de prendre les mesures nécessaires pour prévenir les passants d'un danger possible;

4° Celui qui pose sur un édifice, ou appose à un édifice, ou jette, ou répand du haut d'un édifice un objet quelconque, de telle sorte que, par suite de ce fait, une personne faisant usage de la voie publique puisse éprouver un dommage;

5° Celui qui laisse sur la voie publique une bête de charge, de monture ou de trait, sans avoir pris les précautions nécessaires pour ne pas causer de dommage;

6° Celui qui, sans autorisation de l'autorité compétente, ferme une voie publique d'eau ou de terre, ou diminue la facilité du passage.

ART. 428. Est puni d'une amende de cinquante florins au plus celui qui incendie un immeuble dont il est propriétaire, sans autorisation du bourgmestre ou du fonctionnaire désigné par celui-ci.

ART. 429. Est puni d'une amende de vingt-cinq florins au plus :

1° Celui qui décharge une arme à feu, tire un feu d'artifice ou allume un feu à une distance assez rapprochée de bâtiments ou d'effets mobiliers pour qu'il en résulte un danger d'incendie;

2° Celui qui lance un ballon aérien auquel sont attachées des matières inflammables.

TITRE II.

CONTRAVENTIONS RELATIVES À L'ORDRE PUBLIC.

ART. 430. Est puni d'une détention de deux mois au plus ou d'une amende de trois cents florins au plus celui qui, sans permission de l'autorité compétente, lève un plan ou fait un dessin ou une description d'un ouvrage de défense militaire, ou qui en fait la publication.

ART. 431. Est puni d'une amende de quinze florins au plus celui qui fait un bruit ou tapage nocturne pouvant troubler le repos public.

ART. 432. Est puni d'une détention de douze jours au plus celui qui mendie en public.

ART. 433. Le fait de mendier, par trois individus ou en plus grand nombre, au-dessus de l'âge de seize ans, est puni d'une détention de trois mois au plus.

8.

Art. 434. Si, au moment d'une des contraventions spécifiées dans les deux précédents articles, il ne s'est pas encore écoulé un an depuis que le coupable a été condamné en dernier ressort pour une de ces contraventions, la peine peut être augmentée d'un tiers, et le coupable, s'il est en état de travailler, peut être condamné à être placé dans un établissement de travail de l'État pour trois ans au plus.

Art. 435. Est puni d'une amende de cent cinquante florins au plus :

1° Celui qui, sans y avoir droit, s'arroge un titre de noblesse ou porte le signe d'un ordre des Pays-Bas ;

2° Celui qui, sans permission du roi, dans les cas où elle est exigée, accepte un ordre, un titre, un rang ou une dignité étrangère ;

3° Celui qui donne un faux nom quand l'autorité compétente lui demande de se nommer [1].

Art. 436. Est puni d'une amende de trois cents florins au plus celui qui, sans être admis à l'exercice d'une profession pour laquelle la loi exige une admission, exerce cette profession hors le cas d'urgence.

Est puni d'une amende de cent cinquante florins au plus celui qui, étant admis à l'exercice d'une profession pour laquelle la loi exige une admission, outrepasse, dans l'exercice de cette profession, les limites de sa compétence, hors le cas d'urgence.

Si, au moment où la contravention est commise, il ne s'est pas encore écoulé deux ans depuis que le coupable a été condamné en dernier ressort pour la même contravention, l'amende peut être remplacée par une détention de deux mois au plus dans le cas du

---

[1] Cet article donne une sanction aux articles 63 à 65 de la loi fondamentale.

premier alinéa, et d'un mois au plus dans le cas du second alinéa du présent article.

Art. 437. Le vendeur d'objets en or ou en argent, le caissier, l'horloger, le revendeur, le brocanteur en boutique qui n'a pas tenu un registre continu, ou qui n'a pas fait mention dans ce registre de tous les objets achetés par lui, ou qui n'a pas indiqué dans ce registre le prix d'achat, les noms et domiciles des vendeurs, ou qui omet de présenter ce registre, lorsqu'il en est requis, au bourgmestre ou au fonctionnaire désigné à cet effet par celui-ci, est puni d'une amende de vingt-cinq florins au plus.

Si, au moment où la contravention est commise, il ne s'est pas encore écoulé deux ans depuis que le coupable a été condamné en dernier ressort pour la même contravention, il peut lui être infligé une détention de six jours au plus, au lieu de l'amende.

Art. 438. Celui qui, exerçant la profession de logeur à la nuit, n'a pas tenu un registre continu, ou omet de noter ou de faire noter dans ce registre les noms, la profession ou qualité, le domicile, le jour d'arrivée ou de départ des personnes qui ont passé la nuit dans sa maison, ou omet de présenter ce registre, lorsqu'il en est requis, au bourgmestre ou au fonctionnaire désigné à cet effet par celui-ci, est puni d'une amende de vingt-cinq florins au plus.

Si, au moment où la contravention est commise, il ne s'est pas encore écoulé deux ans depuis que le coupable a été condamné en dernier ressort pour la même contravention, il peut lui être infligé, au lieu de l'amende, une détention de six jours au plus.

Art. 439. Est puni d'une détention d'un mois au plus ou d'une amende de cent cinquante florins au plus :

1° Celui qui achète, échange, accepte en don, en gage, en

jouissance ou en dépôt, d'un militaire au-dessous du grade d'officier, des objets d'habillement, d'équipement ou d'armement, ou bien celui qui vend, échange, donne en présent, en gage, en jouissance ou en dépôt des objets de cette nature, pour un militaire au-dessous du grade d'officier, sans une autorisation par écrit donnée par l'officier commandant ou en son nom;

2° Le marchand qui, achetant habituellement de pareils objets, n'observe pas les dispositions prescrites par un règlement général d'administration publique au sujet du registre à tenir en pareil cas.

Si, au moment où la contravention est commise, il ne s'est pas encore écoulé deux ans depuis que le coupable a été condamné en dernier ressort pour une de ces contraventions, les peines peuvent être doublées.

Art. 440. Est puni d'une amende de vingt-cinq florins au plus celui qui fabrique, distribue ou tient en provision pour les répandre, des imprimés ou des pièces de métal dont la forme les fait ressembler à du papier-monnaie, à des billets de banque ou à des espèces monnayées.

Les objets qui ont servi à la contravention peuvent être confisqués.

Art. 441. Est puni d'une détention de trois mois au plus:

1° Celui qui est déclaré en état de faillite, s'il n'a pas observé les prescriptions de la loi relatives à l'obligation d'annoncer la cessation de payement;

2° L'administrateur ou commissaire d'une société anonyme ou d'une association coopérative qui est déclarée en état de faillite, s'il n'a pas observé les prescriptions de la loi relatives à l'obligation d'annoncer que la société ou association a cessé ses payements.

Art. 442. Est puni d'une détention de trois mois au plus :

1° Celui qui, ayant demandé ou obtenu un sursis de paye-ment, fait, à lui seul, des actes pour lesquels la loi exige la coo-pération de curateurs;

2° Le directeur ou commissaire d'une société anonyme ou d'une association coopérative qui, ayant demandé ou obtenu un sursis de payement, fait, à lui seul, des actes pour lesquels la loi exige la coopération de curateurs.

TITRE III.

CONTRAVENTIONS RELATIVES À L'AUTORITÉ PUBLIQUE.

Art. 443. Est puni d'une détention de six jours au plus ou d'une amende de vingt-cinq florins au plus celui qui contrevient à une disposition générale de police, ordonnée et promulguée en vertu de la loi communale, dans des circonstances extraordinaires, par le bourgmestre ou le commissaire du roi dans la province [1].

Art. 444. Est puni d'une amende de soixante florins au plus celui qui, étant légalement appelé comme témoin, expert ou in-terprète, reste absent sans droit.

Art. 445. Est puni d'une amende de soixante florins au plus celui qui, dans des affaires concernant des mineurs ou des per-sonnes mises ou à mettre sous curatelle, ou placées dans une mai-son d'aliénés, étant appelé comme parent, allié, époux, tuteur ou subrogé tuteur, curateur ou subrogé curateur, devant le juge, pour être entendu, manque, sans juste motif d'excuse, de se présenter soit en personne, soit par fondé de pouvoir, dans les cas où la représentation est permise.

[1] Cf. les articles 187 et 192 de la loi communale.

ART. 446. Est puni d'une amende de vingt-cinq florins au plus celui qui, lorsqu'il y a péril pour la sûreté générale des personnes ou des biens, ou en cas de flagrant délit, refuse l'assistance que l'autorité publique lui réclame, et qu'il est en état de prêter sans s'exposer à un danger immédiat.

ART. 447. Celui qui, sans droit, arrache, rend illisible ou endommage une annonce publiquement affichée par l'autorité compétente, est puni d'une amende de quinze florins au plus.

TITRE IV.

CONTRAVENTIONS RELATIVES À L'ÉTAT CIVIL.

ART. 448. Celui qui ne satisfait pas à une obligation légale de déclaration à l'officier de l'état civil, pour les registres de naissance ou de décès, est puni d'une amende de cent florins au plus [1].

ART. 449. Le ministre du culte qui célèbre un acte religieux quelconque relatif au mariage, avant que les conjoints lui aient fourni la preuve que le mariage a été contracté par-devant l'officier de l'état civil, est puni d'une amende de trois cents florins au plus.

Si, au moment où la contravention est commise, il ne s'est pas encore écoulé deux ans depuis que le prévenu a été condamné en dernier ressort pour la même contravention, il peut être infligé, au lieu de l'amende, une détention de deux mois au plus.

[1] Cf. les articles 29 et 30 du Code civil néerlandais.

TITRE V.

CONTRAVENTIONS RELATIVES AUX INDIVIDUS EN DÉTRESSE.

ART. 450. Celui qui, étant témoin du danger de mort dont une autre personne est subitement menacée, néglige de lui prêter ou de lui fournir l'assistance qu'il peut lui donner ou procurer sans crainte raisonnable d'un danger pour sa personne ou pour d'autres personnes, est puni, si la mort de la personne en détresse s'en est suivie, d'une détention de trois mois au plus et d'une amende de trois cents florins au plus.

TITRE VI.

CONTRAVENTIONS RELATIVES AUX MŒURS.

ART. 451. Est puni d'une détention de trois jours au plus ou d'une amende de quinze florins au plus :

1° Celui qui chante en public des chansons offensantes pour la pudeur;

2° Celui qui profère en public des propos offensants pour la pudeur;

3° Celui qui appose sur un endroit visible de la voie publique des mots ou des dessins offensants pour la pudeur.

ART. 452. Est puni d'une détention de trois mois au plus ou d'une amende de trois cents florins au plus celui qui, tenant une maison de débauche, admet dans la maison où il exerce son métier une femme n'appartenant pas à sa famille, sans avoir préalablement porté à la connaissance de cette femme, d'une façon intelligible pour elle, en présence et dans le bureau du bourgmestre ou du fonctionnaire désigné à cet effet par celui-ci, le métier qui s'exerce dans sa maison.

Art. 453. Celui qui se trouve sur la voie publique dans un état d'ivresse évident est puni d'une amende de quinze florins au plus.

Si, au moment où la contravention est commise, il ne s'est pas encore écoulé six mois depuis que le prévenu a été condamné en dernier ressort pour la même contravention ou pour celle qui est mentionnée dans l'article 426, il peut être infligé, au lieu de l'amende, une détention de trois jours au plus.

En cas d'une seconde récidive dans l'année après la première condamnation, il est infligé une détention de deux semaines au plus.

En cas d'une troisième récidive ou de récidives ultérieures, toujours dans les six mois après la dernière condamnation, il est infligé une détention de trois semaines au plus, et le coupable peut, en outre, s'il est en état de travailler, être condamné à être placé dans un établissement de travail de l'État pour un an au plus.

Art. 454. Le débitant de liqueurs fortes, ou son agent, qui, dans l'exercice de son débit, administre de la liqueur forte à un enfant au-dessous de l'âge de seize ans, est puni d'une détention ⬤s semaines au plus ou d'une amende de cent florins au p⬤

Art. 455. Est puni d'une amende de quinze florins au plus :

1° Celui qui fait traîner ou porter par des animaux une charge qui excède évidemment leurs forces;

2° Celui qui opère un transport par des bêtes de trait ou de charge, d'une manière douloureuse ou cruelle, sans nécessité;

3° Celui qui transporte des animaux, d'une manière douloureuse ou cruelle, sans nécessité.

Si, au moment où la contravention est commise, il ne s'est pas encore écoulé un an depuis que le prévenu a été condamné en dernier ressort pour la même contravention ou pour le délit mentionné à l'article 254, il peut être infligé, au lieu de l'amende, une détention de trois jours au plus.

ART. 456. Est puni d'un emprisonnement de six mois au plus ou d'une amende de trois mille florins au plus :

1° Celui qui établit ou tient une maison de jeu de hasard accessible au public, ou prend part à une entreprise de ce genre, sans qu'il y ait lieu de rechercher si l'entrée en est, ou non, soumise à une condition ou à l'observation d'une formalité quelconque;

2° Celui qui fait l'office de banquier ou de surveillant du jeu dans une maison de jeu de hasard;

3° Celui qui fournit un local pour tenir une maison de jeu de hasard.

ART. 457. Est puni d'une amende de cinquante florins au plus :

1° Celui qui prend part au jeu dans une maison de jeu ou de hasard accessible au public, sans qu'il y ait lieu de rechercher si l'entrée en est, ou non, soumise à une condition ou à l'observation d'une formalité quelconque;

2° Celui qui, sans la permission du bourgmestre, fournit l'occasion de tenir un jeu de hasard sur la voie publique.

TITRE VII.
CONTRAVENTIONS RELATIVES À LA POLICE RURALE.

ART. 458. Celui qui, sans en avoir le droit, fait courir ses oiseaux de basse-cour non volants dans des jardins ou sur un terrain ensemencé, cultivé ou planté, est puni d'une amende de quinze florins au plus.

ART. 459. Celui qui, sans en avoir le droit, fait courir du bétail dans des jardins, des bois taillis ou marécageux, sur des prairies ou des terrains ensemencés, cultivés ou plantés ou préparés pour l'ensemencement, la culture ou la plantation, est puni d'une amende de vingt-cinq florins au plus.

ART. 460. Celui qui, sans en avoir le droit, marche sur un terrain ensemencé, cultivé ou planté ou préparé pour l'ensemencement, la culture ou la plantation, ou dans une prairie ou pré pendant le mois de mai et les mois suivants jusques et y compris octobre, est puni d'une amende de quinze florins au plus.

ART. 461. Celui qui, sans en avoir le droit, passe à pied ou à cheval, ou fait courir des bestiaux sur un terrain appartenant à autrui, et dont l'entrée est interdite, d'une façon à lui apparente, par l'ayant droit, est puni d'une amende de quinze florins au plus.

TITRE VIII.

CONTRAVENTIONS COMMISES PAR DES FONCTIONNAIRES.

ART. 462. Le fonctionnaire compétent pour délivrer des expéditions ou extraits des jugements, qui délivre une expédition ou un extrait avant que le jugement soit dûment signé, est puni d'une amende de cinquante florins au plus.

ART. 463. Le fonctionnaire qui, sans autorisation du pouvoir compétent, prend copie ou extrait de documents secrets de gouvernement, ou les publie, est puni d'une détention de deux mois au plus ou d'une amende de trois cents florins au plus.

ART. 464. Le chef d'un établissement destiné à la garde des condamnés, des personnes détenues préventivement ou contraintes par corps, d'un établissement d'éducation de l'État ou d'une maison d'aliénés, qui reçoit ou retient quelqu'un dans l'établissement sans s'être fait montrer l'ordre de l'autorité compétente ou la décision judiciaire, ou qui néglige d'inscrire dans ses registres l'ordre ou la décision en vertu de laquelle l'admission a lieu, est puni d'une détention d'un mois au plus ou d'une amende de cent cinquante florins au plus.

ART. 465. L'officier de l'état civil qui omet de se faire remettre, avant la conclusion d'un mariage, les pièces justificatives ou déclarations que la loi civile exige, est puni d'une amende de trois cents florins au plus.

ART. 466. L'officier de l'état civil qui agit en contravention d'une disposition quelconque de la loi civile concernant les registres ou les actes de l'état civil, ou concernant les formalités préalables ou la célébration d'un mariage, est puni d'une amende de cent florins au plus.

ART. 467. L'officier de l'état civil qui omet d'inscrire un acte dans les registres ou qui écrit un acte sur une feuille volante est puni d'une amende de trois cents florins au plus.

ART. 468. Est puni d'une amende de cent florins au plus :

1° L'officier de l'état civil qui omet de transmettre à l'autorité compétente les indications qu'il doit fournir en vertu d'une disposition légale quelconque;

2° Le fonctionnaire qui omet de fournir à l'officier de l'état civil les indications qu'il doit donner en vertu d'une disposition légale quelconque.

TITRE IX.

CONTRAVENTIONS RELATIVES À LA NAVIGATION.

Art. 469. Le capitaine d'un navire néerlandais qui part avant que le rôle d'équipage soit dressé et signé est puni d'une amende de cent florins au plus.

Art. 470. Le capitaine qui n'a pas à bord tous les papiers du navire, les livres ou les documents qui sont exigés par des dispositions de la loi, ou en conséquence de ces dispositions, est puni d'une amende de cent florins au plus [1].

Art. 471. Est puni d'une amende de trois cents florins au plus :

1° Le capitaine d'un bâtiment néerlandais qui ne tient pas, conformément aux prescriptions légales, le livre journal ou le registre des punitions exigés par la loi, ou qui ne les présente point où et quand la loi l'exige;

2° Le capitaine d'un bâtiment néerlandais qui, à défaut d'un registre des punitions, omet de faire au juge les communications exigées par la loi.

Si, au moment où la contravention est commise, il ne s'est pas encore écoulé deux ans depuis que le prévenu a été condamné en dernier ressort pour une de ces contraventions, il peut être infligé, au lieu de l'amende, une détention de deux mois au plus.

Art. 472. Le capitaine d'un bâtiment néerlandais qui ne satisfait pas à l'obligation que la loi lui impose d'inscrire et de notifier les naissances et les décès survenus pendant un voyage sur mer est puni d'une amende de cent florins au plus [2].

[1] Cf. l'article 357 du Code de commerce.

[2] Cf. les articles 35, 36 et 60 du Code civil néerlandais.

Art. 473. Le capitaine ou celui des gens de l'équipage qui n'observe pas les prescriptions de la loi pour prévenir les abordages ou collisions de navires est puni d'une amende de trois cents florins au plus.

Art. 474. Le capitaine d'un bâtiment néerlandais qui omet de porter secours à des bâtiments, capitaines ou gens de mer en détresse, dans la mesure où il peut le faire sans exposer son bâtiment, ses compagnons de navire ou lui-même, à périr, est puni d'une détention de trois mois au plus et d'une amende de trois cents florins au plus.

DISPOSITION GÉNÉRALE FINALE.

Art. 475. L'entrée en vigueur du présent code sera réglée ultérieurement par la loi.

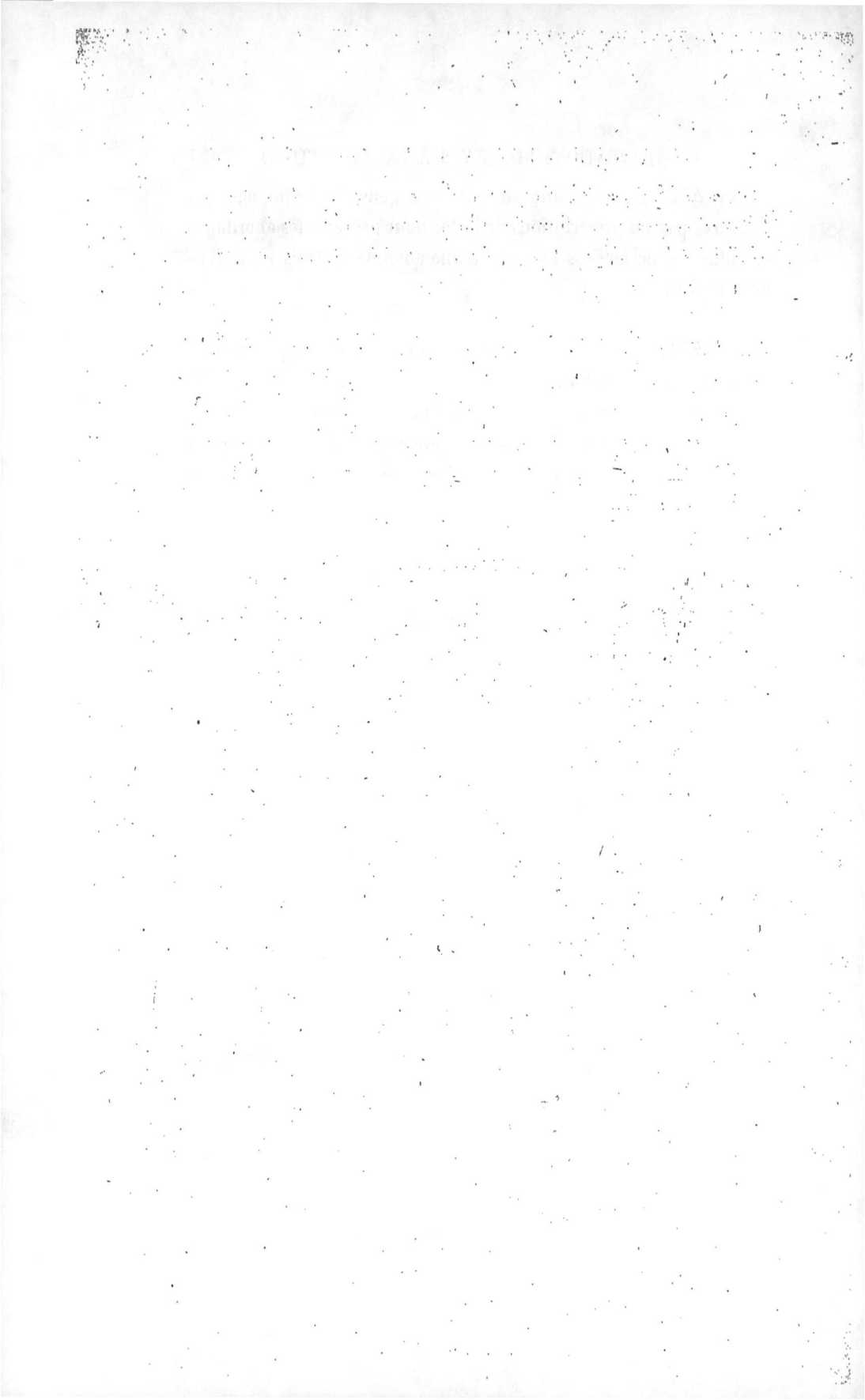

TABLE ANALYTIQUE DES MATIÈRES.

A

est pas revêtu, art. 196. — Retour d'un étranger dans le royaume malgré le commandement du roi ou l'ordre du juge, art. 197. — Soustraction d'objets saisis ou séquestrés, bris de scellés par des particuliers ou des gardiens, art. 198 et 199. — Destruction de pièces de conviction, art. 200. — Détournement de lettres, etc., confiées à la poste aux lettres ou au télégraphe, art. 201. — Provocation à la désertion ou à la révolte de militaires, art. 203 et 204. — Enrôlement non permis pour le service étranger, art. 205. — Contraven-tions relatives à l'autorité publique. Livre troisième, titre III. — Contravention à une disposition générale de police, promulguée dans des circonstances extraordinaires par le bourgmestre, art. 443. — Des personnes qui, appelées comme parents, alliés, tuteurs, etc., pour être entendues devant le juge, restent absentes sans droit, art. 444 et 445. — Refus de prêter assistance à la réclame de l'autorité publique, art. 446. — Endommagement d'annonces affichées par l'autorité publique, art. 447.

Avortement, art. 195-199. Voir v° Vie.

B

Ballon aérien. — Lancement d'un ballon inflammable, art. 429.

Banqueroute. — Banqueroute simple, art. 340. — Banqueroute frauduleuse, art. 341. Voir v° Faux.

Batterie, art. 306.

Bestiaux. — Vol de bestiaux dans les champs. Voir v° Vol.

Bris de scellés, art. 199. Voir v° Autorité publique.

C

Cadavre. — Exhumation, enlèvement, disparition d'un cadavre, art. 150 et 151. Voir v° Ordre public.

Capitaine. Voir v° Signification, Navigation. — Commerce d'esclaves par un capitaine d'un navire, art. 275.

Chantage. Voir v° Extorsion.

Commerce charnel. Voir v° Mœurs.

Commerce d'esclaves, art. 274 à 277.

Communication. — Destruction ou dégradation d'ouvrages servant à la communication publique, art. 162 et 163. — Danger pour la communication au moyen de la vapeur sur une voie ferrée causé avec intention ou par faute, art. 164 et 165.

Complot. Voir v° Signification, art. 96, 103, 135.

Concours de faits punissables. Livre premier, titre VI, art. 55 à 63.

Concussion. Voir v° Fonctions publiques.

Confiscation de certains objets, art. 9, 33 et 34.

Contrat à la grosse, art. 328. Voir v° Fraude.

Contraventions. — Tentative de contravention, art. 46. — Complicité de contravention, art. 52. Livre troisième.

D

E

F

G

H

I

J

L

M

Liqueurs fortes administrées à des enfants, art. 454. — Mauvais traitements envers des animaux, art. 455. — Des jeux de hasard, art. 456 et 457.

MONNAIE. DÉLITS RELATIFS À LA MONNAIE.

Livre deuxième, titre X. — Contrefaçon, altération de monnaies, émission de ces monnaies, art. 208 à 215. — Fabrication, distribution de pièces de métal ressemblant à des espèces monnayées, art. 440.

N

NAVIGATION. DÉLITS RELATIFS À LA NAVIGATION. Livre deuxième, titre XXIX. — PIRATERIE, art. 381 à 385. — Appropriation d'un navire par quelqu'un qui est embarqué ou par le capitaine, art. 386 et 387. — Navigation sans autorisation du gouvernement, art. 388 et 389. — Du capitaine qui se soustrait à la direction du navire, art. 390. — Désertion, art. 391 à 394. — Insubordination, art. 395 et 396. — Provocation à la révolte à bord, art. 397. — Refus de service de la part de l'équipage, art. 398 et 399. — Désobéissance aux ordres du capitaine, art. 400. — Délits du capitaine d'un navire, vente du navire, emprunt à la grosse contracté sur le navire à son propre profit, changement de

route, déploiement du pavillon néerlandais sans en avoir le droit, refus de satisfaire à une réquisition légale de prendre à bord un prévenu ou un condamné, etc., art. 402 à 415. — CONTRAVENTIONS RELATIVES À LA NAVIGATION. Livre troisième, titre IX. — Omissions du capitaine d'un navire relatives au rôle d'équipage, aux papiers, livres et documents exigés par la loi et à l'obligation d'inscrire les naissances et les décès, art. 469 à 472. — Omission d'observer les prescriptions de la loi pour prévenir les abordages ou collisions de navires, art. 474. — Omission de porter du secours à des bâtiments, art. 474.

NÉERLANDAIS. Voir v° SIGNIFICATION.

O

ORDRE. DÉLITS CONTRE L'ORDRE PUBLIC. Livre deuxième, titre V. — Provocation à des actes punissables, indications pour les commettre, art. 131 à 134. — Omission d'informer les agents de la justice ou de la police, ou bien la personne menacée de l'existence d'un complot pour commettre un des délits mentionnés aux articles 92 à 110, art. 135 à 137. — Entrée illégale dans une habitation d'un autre ou dans une localité destinée au service pu-

blic, art. 138 et 139. — Participation à des associations pour commettre des délits ou à d'autres associations prohibées par la loi, art. 140. — Violences publiques contre des personnes ou des biens, art. 141. — Trouble de la paix par des cris ou des signaux, art. 142. — Délits ayant pour but de troubler ou d'empêcher des assemblées publiques, des assemblées religieuses ou des enterrements, art. 143 à 146. — Mo-

P

R

S

T

— Manœuvres frauduleuses d'un directeur ou commissaire d'une société anonyme, ou d'une association coopérative déclarée en état de faillite, etc., art. 342 et 343. — Détournement de biens à la masse en cas de faillite ou de cession de biens judiciaire, art. 344.

TROUBLE DE LA PAIX. Voir v° ORDRE PUBLIC.

— Trouble dans la rue. Voir v° SÛRETÉ.

V

VÉNALITÉ. Voir v° FONCTIONS PUBLIQUES.

VIE. DÉLITS DIRIGÉS CONTRE LA VIE. Livre deuxième, titre XIX. — Meurtre, art. 287. — Meurtre accompagné d'un acte punissable commis pour faciliter l'exécution de cet acte, art. 288. — Assassinat, art. 289. — Meurtre commis sur un enfant, art. 290. — Assassinat commis sur un enfant, art. 291. — Meurtre commis pour satisfaire au désir de la personne tuée, art. 293. — Excitation au suicide, art. 294. — Avortement, art. 295 à 298.

VIOL. Voir v° MŒURS.

VIOLATION. — Violation du domicile. Voir v° FONCTIONS PUBLIQUES. — Violation de sépulture. Voir v° ORDRE PUBLIC.

VIOLENCE. Voir v° AUTORITÉ PUBLIQUE. SIGNIFICATION.

VOL. VOL ET MARAUDAGE. Livre deuxième, titre XXIII. — VOL, art. 310. — Vol de bestiaux dans les champs, vol commis à l'occasion d'un incendie, vol commis par plusieurs personnes réunies, art. 311. — Vol accompagné ou suivi de violence, art. 312. — Maraudage, art. 314. — Maraudage commis dans des circonstances aggravantes, art. 315.

www.ingramcontent.com/pod-product-compliance
Lightning Source LLC
Chambersburg PA
CBHW071856200326
41519CB00016B/4410